꼭지가 확 돌아버리는 데는 다 이유가 있다

꼭지가 확 돌아버리는 데는 다 이유가 있다 | 분노 심리학

펴 낸 곳 투나미스
발 행 인 유지훈
지 은 이 로이 프랭클린 리처드슨ⓒ
프로듀서 변지원
기　　획 이연승 최지은
마 케 팅 전희정 배윤주 고은경
초판발행 2025년 08월 15일
초판인쇄 2025년 07월 31일
주　　소 수원시 권선구 금곡로196번길 62, 제이에스타워 305호 조인비즈 6호
대표전화 010-4161-8077 | 팩스 031-624-9588
이 메 일 ouilove2@hanmail.net
홈페이지 www.tunamis.co.kr
I S B N 979-11-94005-10-0 (03180) (종이책)
I S B N 979-11-94005-11-7 (05180) (전자책)

* 이 책은 저작권법에 따라 보호받는 저작물이므로 무단 전재와 복제를 금하며, 내용
　의 전부 혹은 일부의 활용은 저작권자의 허락을 받아야 합니다.
* 잘못된 책은 구입처에서 바꿔 드립니다.
* 책값은 뒤표지에 있습니다.

THE PSYCHOLOGY AND PEDAGOGY OF ANGER

꼭지가 확 돌아버리는 데는 다 이유가 있다

분노 심리학 + 원문 수록

투나
미스

contents

들어가는 글
프롤로그

Chapter 1 분노를 자극하는 심리상태 _ 017

Chapter 2 의식은 어떻게 작용하는가? _ 047

Chapter 3 분노는 어떻게 소멸하는가? _ 087

Chapter 4 의식 속에 남는 감정의 여운 _ 107

Chapter 5 분노는 어떻게 교육하는가? _ 135

참고문헌 _ 0159

지은이 로이 F. 리처드슨 Roy Franklin Richardson

심리학·교육학 분야에서 활발한 업적을 남긴 학자로, 특히 감정과 행동의 심리·교육적 영향을 연구한 것으로 알려져 있다. 『꼭지가 확 돌아버리는 데는 다 이유가 있다 Psychology and Pedagogy of Anger』는 분노라는 감정의 심리적 근원과 이를 다루는 요령을 중점적으로 다룬다. 리처드슨은 분노를 잘 다스리지 않으면 학습에 좋지 않은 영향을 줄 수 있다는 점을 강조하며 분노가 긍정적으로 달라질 수 있는 교육법에 대해 논했다. 20세기 초반에 활동한 그는 심리학과 교육학 발전의 일등공신 중 하나로 꼽히며 그가 남긴 연구 논문은 오늘날에도 교육 심리학에서 널리 참고용 자료로 활용되고 있다. 특히 교사가 학생의 감정을 이해하고 이에 대처하는 데 중요한 통찰력을 제시한다.

옮긴이 유지훈

출판 전문번역가. 경기대 영어영문학과를 졸업하고 사립학원에서 영어를 가르치다 번역의 매력에 빠져 전문번역가의 길로 들어섰다. 번역 현장에서의 경험을 바탕으로 2016년 투나미스를 창립, 기독교·어학·정치사회 분야를 중심으로 독자적인 콘텐츠를 선보이고 있다. 저서로는 『남의 글을 내 글처럼』, 『베껴쓰기로 끝내는 영작문』 등이 있으며, 『글로벌 트렌드 2040』, 『좋은 사람 콤플렉스』, 『심리학이란 무엇인가』 등 약 80여 종의 번역서를 펴냈다. 현재 유튜브 채널 '투나미스(@tunamis_writer)'에서 책을 소개하고 영어 익습 노하우 등을 공유하고 있다.

들어가는 글

　인간의 행동과 관련된 '감정'을 연구하는 것이 중요하다는 사실은 누구나 다 알 것입니다. 두려움이나 분노 같은, 인간의 근본적인 감정의 영향 아래에서 의식이 작동하는 경위는 심리학자나 교육자에게 매우 중요한 관심사 중 하나입니다. 내면을 성찰할 때 감정을 의도적으로 통제할 수는 없기에 감정의 구조적인 면을 연구하는 것은 늘 쉽지가 않았죠. 감정의 구조가 중요한 이유는 구조를 이해하면 감정의 기능을 해석할 수 있기 때문인데, 다시 말해서 감정이 어떻게 이루어져 있는지를 안다면 그 감정이 왜 생기고 어떤 역할을 하는가를 더 잘 이해할 수 있다는 것입니다.

　감정 연구는 대부분 이론적인 논의에 국한되어 왔습니다. 이를테면, 정상인과 비정상인을 관찰하거나, 연구자가 자신을 돌아보며 느낀 감정을 토대로 말이죠.

필자는 의식에 따른 분노의 감정을 비롯하여 분노가 치밀어오를 때 떠오르는 생각과 정서, 분노의 지배를 받는 의식의 반응적 측면 reactive side, 행동의 개인차, 분노가 가라앉거나 약화되는 경위, 감정의 통제 및 촉진에 작용하는 장치, 그리고 분노와 아울러, 그후에 남는 또 다른 감정과 정서 및 태도가 서로 밀접하게 영향을 주고받는, 의식의 사후결과the conscious after-effects를 조직적으로 연구할 생각입니다.

사실, 감정 교육은 아리스토텔레스가 처음 제기했는데 그는 교육의 목표 중 하나가 올바르게 분노하는 요령을 가르치는 것이라고 밝힌 바 있습니다.

필자는 G. 스탠리 홀 대표께 많은 신세를 졌습니다. 홀 대표의 귀감이 없었다면 연구는 완료는 고사하고 시작조차 못 했을 테니까요. 자신이 경험한 감정을 분석·관찰하며 연구에 협조한 분이 적지 않았습니다. 그들의 친절한 협조가 없었다면 연구는 불가능했을 것입니다. 특히 G. E. 프릴랜드 교수 부부와 A. E. 해밀턴, G. E. 존스 박사, 조지 비빈 박사, 프랭크 E. 하워드 박사, W. T. 생거 박사, K. K. 로빈슨 박사, D. I. 포프, R. F. 리처드슨 부인, E. O. 핀켄바인더 박사 및 레이몬드 벨라미 박사에게 감사의 마음을 전합니다.

로이 F. 리처드슨.
메인대학교 연구실에서
6월 20일, 1917년

프롤로그

감정emotions은 모든 정신 활동(인지, 느낌, 지각, 기억, 의사결정, 학습 등)에 뚜렷한 영향을 주는 가장 중요한 현상 중 하나로 알고들 있지만, 체계적인 연구는 비교적 거의 이루어지지 않았다. 우리는 감정을 느낌(feelings, 감정을 인지하는 주관적인 느낌을 일컫는다—옮긴이)과 감각 및 생리적 반응(심박수 증가, 땀 분비, 혈압 상승, 근육 긴장 등)이라는 측면에서 설명하곤 한다. 또한 감정 표현을 설명하는 이론과 아울러, 감정을 의식하는 상태(기쁨, 슬픔, 분노와 같은 감정이 떠오를 때 이를 의식하고 그것이 무엇인지 느끼는 과정)의 구성 요소에 대한 이론도 있다. 그러나 의식의 작용에 주안점을 두는, 감정의 기능적 측면은 대개 무시되어 왔다. 감정을 다룬 문헌을 살펴보면, (실험이나 구체적인 증거보다는) 이론적이면서도 특정 견해가 만들어낸 트렌드에 치우쳤다는 생각을 떨치기 어려울 지경이다. 대부분은 개인이 일상에서 관찰한 바를 근거로 보기 때문에 격앙된 감정에는 관심을 두지만, 의식이 반응·작동할 때 그에 못지않게 중요한 미묘한 감정은 무시해 왔다. 즉, 심리학은 감정이 격발하는 과정에는 집중하지만 그 감정이 생기기 전후의 의식은 외면했다는 것이다. 감정의 기능적 측면에서 연구가 필요한 문제는 다음과 같다.

1 감정이 발생하는 전 단계fore-period를 포함하는 정신 상태
2 감정이 지속되는 동안 작동하는 의식
3 감정이 가라앉거나 약화되는 방식
4 감정이 가라앉을 때 의식에 미치는 영향
5 감정 스펙트럼 및 패턴의 개인차

임의로 벌어진 행동을 두고 분트[1]와 퀼페[2]가 밝힌 주장—단순한 지속 시간은 심리적인 의미 중 작은 일부에 불과하다—은 감정에 적용해도 타당한 발언이다. 분트는 감정과 의지적 행동 사이의 밀접한 관계를 제시했다. 그는 외부 행동으로 표출되는 의지적 행동volitional action을 감정이라고 정의하며 이는

---
1 분트, W. (1907). 『심리학 개요』. C. H. 저드 역. 제3판. 스테헤르트.
2 퀼페, O. (1893). 『심리학 개론』. 라이프치히: 엥겔만. 478쪽.

'판토마임식' 움직임(pantomimetic movement, 말을 사용하지 않고 신체적 움직임이나 표정 등을 통해 감정이나 생각을 전달하는 것-옮긴이)으로 귀결된다.

아흐[3]는 의지에 관한 실험에서 각 실험을 전·중·후 단계로 구분했다. 우리가 감정을 경험할 때도 유사한 특성이 있다. 이를테면, 감정은 발생하기 전부터 어느 정도는 미리 결정되어 있다는 것인데 이는 우리가 일시적인 생각이나 오래된 성향이나 태도에 의해 특정한 감정(분노 혹은 기쁨)을 느낄 준비가 되어 있다는 뜻이다. 그러니까 우리의 성향이나 태도가 감정의 발현을 예측할 수 있게 한다는 것이다. 쉽게 말해, 아흐의 연구는 행동이 단계적으로 이루어진다고 보고, 감정도 이미 특정한 감정에 빠질 준비가 된 상태에서 쉽게 유발된다는 것을 보여준다.

---

3 아흐, N. (1905). 『의지 활동과 사고에 관하여: 힙의 크로노스코프에 관한 부록을 포함한 실험적 연구』. 괴팅겐: 반덴호크 운트 루프레히트.

어떻게 연구하는가?

이 연구는 일상에서 체감하는 분노를 내면적으로 관찰하는 방법을 활용했다. 클라크대 대학원생 10명과 외부인 2명이 자원하여 최소 3개월 동안 자신의 감정을 관찰하고 매일 '자신을 들여다본intropections' 노트를 작성하여 필자에게 보고했다. 기분이 살짝 나쁘다거나 잠깐이나마 심장이 '쫄깃해진' 순간도 모두 관찰할 것을 주문했다. 물론 이 연구에서는 분노만 살펴볼 참이다. 그들은 감정이 일어나기 전, 의식의 전조와, 감정의 발현, 감정의 소멸 및 약화, 그리고 감정이 사라진 후에도 그 감정이 의식에 어떤 영향을 주었는지도 소상히 밝히라는 요청을 받았다.

역사를 돌이켜볼 때, 감정은 크게 세 가지 방법으로 연구해 왔다. 자신이 일상에서 느끼는 감정이나 생각을 자연스럽게 관찰하는 '내면성찰'이 가장 초기에 활용되었고 결국에는 이것이 대다수 문헌의 기초가 되었다. 베인[4]과 리보[5]는 이를 최초로 광범위하게 도입했다. 정상인과 비정상인의 행동을 관찰해보니 몇 가지 유의미한 결과가 나왔다. 또한 홀 박사[6]가 활용한 질문지법은 분노의 객관적인 반응과 대상을 폭넓게 보여주었다.

분노와 두려움은 인간의 마음 깊숙이 자리 잡은 감정이다. 내면관찰을 통해 인간에게는 사회적 관계를 회피하고 이기적인 데다, 법에 어긋나는 성향의 욕구들이 드러나는데, 이는 근본이 사회적 인간의 수준보다 더 저급한 본능에서 비롯되었다는 방증이다.

모든 관찰자는 아주 사적이고도 사사로운 문제와 관련된 경우에도 매우 진솔하게 자신의 내면을 성찰했다. 구체적인 사례나 예시 자료를 사용할 때는 관찰자 외에도 다른 사람들이 관련된 경우가 많은 탓에 연구와 무관한 개인적인 내용은 취사 선택할 필요가 있었다. 이는 오롯이 필자가 담당했다. 관찰된 감정이나 행동을 둘러싼 심리적 핵심요인은 그대로 두었으

---

4 베인, A. (1875). 『감정과 의지』. 제3판. 런던: 롱맨.
5 리보, T. A. (1897). 『감정의 심리학』. 런던: 월터 스콧, 패터노스터 스퀘어.
6 홀, G. S. 『분노에 관한 연구』. 미국 심리학 저널, 10권, 516-591.

며, 관찰자의 발언은 될 수 있는 한 그대로 사용했다. 12명은 알파벳의 첫 열두 자를 땄고 그외의 관찰자는 각각 X, Y, Z라 부른다. 관찰자 10인은 심리학을 전공한 대학원생(남성)이었는데, 그중 7명은 통제된 실험에서 내면관찰에 대한 경험이 상당했다. 따라서 예시 자료는 대개 경험이 풍부한 관찰자 A, B, C, D, E, F 및 G의 관찰 내용을 소개할 것이다.

비록 연구가 완벽하게 통제된 실험 환경에서 이루어지지 않더라도 그 조건이 연구의 타당성을 훼손하지 않으므로 사과할 필요는 없을 듯싶다. 본디 감정은 비자의적인 과정이므로 실험 테크닉에 필요한 자의적 통제에는 적합하지 않다. 감정은 과거의 복잡다단한 생각과 현재의 생각이 함께 작용하면서 발생한다. 분노는 단 한 건의 경험에서 불거지는 것이 아니라 평소 내면에 쌓여온, '미리 결정된predetermined' 의식이므로 자의적인 기원은 생각하기가 어려운 것이다. 따라서 분노를 자극할 수 있는 과거의 원인을 알고 있다손 치더라도 이를 현재의 생각에 일부러 끼워 맞춘들 통할 리는 없을 것이다.

아울러 내면관찰이 어려운 까닭은 내면관찰 때문에 감정이 되레 사그라지기 때문이다. 사례를 보면 감정이 한층 고조되다가도 내면을 들여다보는 과정에서 아주 단절되고 마는 경우가 비일비재하다. 그러나 누구라도 분노가 치밀어오를 만한 상황이라면 이를 떠올리거나 그에 집중만 해도 같은 감정이 복받치기도 한다. 관찰자들에게는 감정을 억누르지 말고 이를 자연스럽게 느낄 때 나타나는 반응을 기록하라고 지시해야 했다. 연구의 목적은 분노에 발동이 걸리고 분노가 표출되다가 가라앉는 과정에서 의식은 어떻게 작용하는가를 관찰하는 데 있다. 때문에 관찰자들에게는 의식이 어떤 행동으로 표출되는지에 집중해서 살펴볼 것을 주문했다.

내면관찰이 통제되지 않은 조건에서 이루어진다 해도 여러 관찰자가 분노—살짝 언짢거나 서운하거나 혹은 꼭지가 확 돌아버리거나—를 오랫동안 체계적으로 관찰하다 보면 분노라는 근본적인 감정이 작동하는 방식을 더 잘 이해할 수 있을 것이다.

Chapter 1

분노를 자극하는 심리상태

티치너 교수[7]는 일반적으로 감정이 형성되는 데 필수적인 세 가지 요인을 언급했다. 첫째는 오만가지 생각을 하더라도 격렬한 감정이 생각의 흐름을 방해하거나 끊을 수 있고, 둘째, 그 감정은 외부 세계의 정황이나 사건을 반영하며, 셋째, 감정은 상황에 적응하려는 몸의 변화에서 비롯된 유기적 감각(심장 박동이 빨라지거나 긴장해서 땀이 나는 등)으로 더 풍부해진다는 것이다.

전반적인 심리 상황이나 곤란한 지경이 감정을 자극한다는 것은 평소 내면을 들여다보면 다들 동감하는 사실이다. 감정을 다루는 심리학에서 각 감정은 이를 촉발하는 '미리 결정된 predetermining' 정신 상황과 함께 연구해야 마땅할 것이다. 분

---

7   티치너, E. B. (1906). 『심리학 개요』. 맥밀런.

노는 다른 감정에 비해 속도가 더디기 때문에 그것이 불거지는 경위는 더 쉽게 연구할 수 있다.

 사람들은 항상 같은 이유로 핏대를 세우지는 않는다. 즉, 분노를 자극하는 상황은 매우 다양하다는 것이다. 예컨대, 어떤 이에게는 모욕적인 발언이라도 어떤 이는 그냥 웃어넘기는가 하면, 어떤 사람은 단번에 꼭지를 돌게 만드는 '망발'도 어떤 사람은 이를 눈치채지 못하는 경우도 더러 있다. 우리는 흔히 어떤 사건에 대해 "걔가 왜 화를 내는지 도통 모르겠다"고 말하는데 상황이 감정을 자극한다면 아주 틀린 말은 아니다.

 정신이상자나 히스테리를 겪는 사람들은 별로 문제가 되지 않을 것 같은 상황에도 화를 버럭 내기 때문에 관찰자가 종종 당황하기도 한다. 사실 분노는 정신적인 상황a psychic situation이 자극한다. 인간은 오감을 관찰하는 것만큼 정확히 감정을 관찰하진 못한다. 정신적인 상황은 외적인 상황을 일부만 반영하므로 상황 자체보다는 이를 어떻게 정신적으로 받아들이고 해석하는지가 더 중요할 것이다.

 분노를 촉발하는 상황에 대한 일반적인 견해 몇 가지는 다음과 같다. 맥두걸[8]은 발달론적 관점에서 "흥분(분노)은 본능적

---

8 맥두걸, W. (1913). 『사회심리학 개론』. 제7판. 런던: B. 루스.

인 행동이 방해를 받는다거나 자유로운 충동이 억제될 때 생긴다"고 진술한 반면, 듀이[9]는 본능에 대한 개념에서, 싸움이 순조롭게 풀릴 때(이길 때)는 화를 내지 않는다고 밝혔다. 공격적인 본능이 막힐 때 그제야 감정이 격앙되기 시작한다는 것이다. 한편 베인[10]은 내면적인 관점에서 "다른 사람에게서 피해를 입으면 우리는 감정의 존엄성the sanctity of our feelings이 침해당했다는 상처가 남는데 이때 전제에는 자존심이 깔려 있다. 즉, 자존심이 있으면 감정이 격앙된다는 이야기다." 감정을 분석하는 데 탁월한 업적을 세운 데이비드 아이언스[11]는 "어떻게든 피해를 당했다고 느낄 때만 분노가 표출된다"는 주장에 하등의 조건을 달지 않았다.

병리학적인 측면에서 페레[12]와 매그넌[13]은 편집증 환자들에게서 분노가 찬찬히 가중된다는 점을 설명했다. 이는 앞서 언급한 일반적인 내면관찰의 견해를 뒷받침하는 것처럼 보인다. 이같은 정신질환자들은 우선 자신이 박해를 받고 있다고 믿었다. 아울러 자신을 둘러싼 모든 것을 의심했다. 절친조차도 자신의 사업이나 명성에 흠집을 내려 했다는 것이다. 점차 반발심이 생긴 그들은 스스로 박해자가 되어 복수에 혈안이 되었고 온

---

9 듀이, J. 『감정 이론』. 심리학 리뷰, 2권, 13-32.
10 베인, A. (1875). 『감정과 의지』. 제3판. 런던: 롱맨.
11 아이언스, D. (1903). 『윤리학의 심리학』. 에든버러: 블랙우드 앤 선즈.
12 페레, C. (1896). 『감정 표현에서의 대립』. 철학 리뷰, 42권, 498-501.
13 홀, G. S. 『분노에 관한 연구』. 미국 심리학 저널, 10권, 516-591.

갖 모욕과 욕설, 협박, 극단적이고도 치명적인 공격 및 풍자와 비아냥 등을 통해 쾌감을 느꼈다.

원시인의 행태를 관찰한 슈타인메츠[14]도 같은 소견을 제시했다. 그의 주장에 따르면, 복수심은 본질적으로 힘과 우월감에서 비롯된 것이라고 한다. 복수심은 피해를 당했을 때 생기며 복수심의 목표는 피해로 낮아진 자존감을 끌어올리는 데 있다는 것이다.

필자는 앞으로 몇 페이지에 걸쳐 내면관찰의 결과를 분석하며 사람이 얼굴을 붉히게 되는 정신적인 상황에 대해 살펴볼 참이다. 이 연구에는 여러 관찰자가 작성한 600여 건의 내면 기록이 활용되었다.

---

14 슈타인메츠, S. R. (1905). 『잔혹성과 복수심에 관한 심리학적 논문과 함께 형벌의 초기 발전에 관한 민족학적 연구』. 제2권. 라이덴.

짜증

분노가 발생하는 주된 정신 상태 중 하나는 '짜증irritation'이라는 감정과 밀접한 관계가 있다. 이런 감정은 불쾌하고 긴장된 상태로, 몸을 주체하지 못해 안절부절못하는 경향을 보인다. 당사자는 짜증이 나는 걸 의식하고 있어도 신경이 다른 곳에 가기도 한다. 아울러 '짜증'이라는 감정은 특정 사건과 관련이 있을 수도 있고, 없을 수도 있다. C는 이렇게 말한다.

"전반적으로 뭔가가 잘못 돌아가고 있다는, 막연한 불쾌감 같은 거야."

통증이나 질병에서 비롯된 짜증도 분노를 유발할 수 있는 정신 상태이다. 이때는 정말 아무것도 아닌 일에 핏대를 세울지도 모른다. E의 기록에 따르면, "오늘 머리가 깨질 듯 아파서 그런지 괜스레 짜증이 나더군요. X가 나를 동정하려 하자 더 짜증이 나고 분통이 터지더라"고 했다. G는 비교적 화를 내지 않는 편인데 온종일 몸이 안 좋아 짜증이 나기 시작한 터라 화를 냈던 경험 10건을 돌아봤다.

I는 통증에 대해 이렇게 말했다.

"몸이 아프면 사람이든 뭐든, 화를 내고 싶은 충동을 느끼는 듯했다. 이때 X가 말을 걸자마자 괜히 화가 나더라."

통증이 심해지면 짜증도 점점 커질 수 있다.

A의 소견은 이렇다.

"첫 진통을 느낄 때부터 짜증이 나더니 통증이 가장 심할 때는 꼭지가 확 돌아버렸다. 손과 얼굴 근육에 힘이 들어가고 두리번거리면서 시비 걸 대상을 찾으려고 했다. … 통증이 줄어들자 분노도 짜증 수준으로 살짝 경감했다."

짜증이라는 감정은 어떤 욕구나 사고방식을 방해할 때 나타나고 그 순간의 마음가짐에 따라 결정될 것이다. 이를 통해 여러 자극(방해)이 누적되면 결국 분노 게이지가 폭발하는 것이다. 욕구가 한두 번 저지되면 처음에는 불쾌감을 자극할 수 있지만, 그때는 무시하고 넘길 수 있다. 그러나 자극이 계속 쌓이다 보면 예전의 불쾌감은 그때보다 더 강렬해질 것이다.

B의 사례가 이를 잘 보여준다.

"고위 관계자에게 편지를 쓴 적이 있다. 깔끔하게 쓰려고 각별히 신경을 썼는데 오자가 나고 말았다. 돌연 짜증이 났다. 고개를 돌려 지우개를 찾는데 아무리 둘러봐도 눈에 뵈질 않았다. 구석구석을 뒤질 때마다 순간 짜증이 밀려오더라."

결국 B는 분통이 터져 욕설을 퍼붓기 시작했다. 한마디로 상당히 '킹받았다'는 이야기다. 이렇게 나는 짜증은 앞서 겪은 숱한 자극이 누적된 결과라는 사실은 대개 알고 있다. 보고서에 따르면, 신념이나 기대, 혹은 의지가 확고하고 감정이 쉽게 흔들리지 않는 사람은 한두 번의 불편으로도 약이 슬슬 오르고 마음이 확고할수록 더 적은 실수로도 분노가 표출된다고 한다.

짜증이라는 감정의 또 다른 특징은 뚜렷한 대상이 없다는 것이다. 즉, 애당초 특정 대상에 대해 화를 내는 것이 아닐 수도 있다는 이야기다. 평소 사람들은 화가 나면 그 감정을 어떤 대상이나 사람에게 돌리고 싶어 하는 성향이 있다. 실제로 왜 화가 났는지는 상관없이 말이다. 예컨대, E의 말을 들어보자.

"걸리기만 해봐라, 뭐가 됐든 화풀이를 하고 싶었다. 그게 뭐든 상관없었다."

연구에 참여한 모든 사람들은 공통적으로 어떤 사물에 화를 내지만 실제 원인이 되는 대상이 아닌, 무고한 사람에게 역정을 내려는 성향은 개인차가 크다. C는 사람이 아닌 대상에 짜증이 나면 되레 애먼 사람을 탓하고, 상상 속에서라도 화를 낼 수 있는 사람이 떠오를 때 조금이나마 위안이 된다고 한다.

"온종일 짜증이 나서 연신 투덜거렸다. 다들 서먹하거나 거리감이 느껴졌다. 이때 몇 번이고 X와 Y를 떠올리면 왠지 모르게 살짝 열이 올랐다. 딱히 잘못한 게 없다는 건 알았지만 그건 무시해 버리고 그들을 욕하면서 쾌감을 느꼈다."

분노의 원인을 애먼 사람에게서 찾으려는 성향은 C의 사례에서도 보인다. C는 우산을 잃어버렸다. 이곳저곳을 찾아다니다 보니 짜증이 점차 격해졌다. 이때 자연스레 한 사람이 떠올랐다. 평소 마음에 안 들던 Z가 우산을 가져갔으리라 생각했다.

"은근히 기분이 좋더라. 감정을 돌이켜보고 나서야 Z가 가져갔을 리 없다는 걸 깨달았다. 그가 범인이기를 바랐던 것이다."

억눌린 짜증을 누군가의 탓으로 돌리면 분노는 돌연 격해지곤 한다. 사실을 묻어두고 옳고 그름에 대한 기준을 망각하며까지 아무 잘못도 없는 사람에게 성질을 부리려는 성향은 연구 대상에 따라 확연히 차이가 났다.

분노의 초기 단계에 나타나는 공통적인 특징은, 짜증을 부추기는 자극이 쌓여 격분한다는 사실을 의식하면서도 전반적인 정황은 무시한 채 특정인—최근 만났거나 연락했던 사람—을 화풀이 대상으로 삼는다는 것이다. 이렇게 분노가 특정 대상에 맞춰지면 감정은 더 쉽게 표출되는 듯하다. 분노는 눈앞에 닥친 문제가, 이미 싫어하는 사람이나 상황과 어떻게든 연결될 때 짜증이 나 있는 상태에서는 더 쉽게 증폭된다. 그리고 짜증이 날 때 시원스레 분노를 발산하면 쾌감을 느낀다는 사례가 종종 보고되었다.

짜증 전 단계에서 분노로 이어지는 사례는 연구 대상자 모두에게 공통으로 나타나지만 감정이 표출되는 방식은 개인마다 크게 달랐다. 그들은 뭔가가 불편을 초래할 때 화를 냈는데, 솔로로 사는 B와 C가 특히 심했다. 연구에 참여한 사람은 모두 사람보다는 그 외의 원인(물건이나 정황)에 대해 더 자주 버럭대는 것으로 나타났다. 이런 경우 대상은 주로 아주 친하거나, 직원 혹은 아이들이었다(지위가 낮거나 관리가 필요한 대상).

옳고 그름에 대한 신념(정의감)

옳고 그름에 대한 신념도 짜증에서 비롯된 분노를 부채질할 공산이 크다. 공정과 정의가 훼손되는 상황이라면 짜증이라는 감정이 더 격앙될 수 있다. 물론 정의를 보는 관점이 짜증의 실제 원인과는 거리가 먼 경우도 더러 있지만 말이다. 애당초 기분이 살짝 나쁜 상황이라면 불공정에 대해 좀더 민감해지는 경우가 허다하다. 이때 부당하다는 생각이 감정을 자극하면 별일 아닌 일에도 화를 내기 십상이다. 예컨대, 어느 날 밤, A는 길을 걷고 있었다. 방금 어떤 일 때문에 심기가 불편했다. 신축 중인 주택 앞을 지날 무렵, 공사 인부들이 인도를 진흙더미로 만들어 놓은 걸 보았다. 그래서 비가 오면 물이 고여 길이 질퍽해졌다. A는 공사가 어느 정도는 마무리가 되었는데 굳이 길을 이렇게까지 더럽힐 필요가 있을까 싶었다.

> "돌연 꼭지가 돌더라고요. 도로관리 책임자에게 전화를 걸어 야단법석을 떠는 상상을 했죠. 진흙탕이 어쩌고저쩌고, 여기 위치는 어디고 …, 그러다 막판에는 '이러라고 세금 내는 줄 알아?!'라며 호통을 치는 상상 말입니다."

그러나 이것만으로는 분이 풀리지 않았다. 이튿날 그는 공사 책임자를 직접 찾아 인도를 그렇게 방치한 것은 "주민을 무시한 처사"라며 소리를 버럭 지르는 모습을 상상했다. 반면 정의에 대한 소신이 분노를 표출하는 데 별 도움이 되지 않는다면 이를 무시할 것이다. 극단적인 사례에서는 사실과는 무관하게 자신의 목적을 달성하기 위해 이유를 꾸며내기도 한다. 이때 그는 자신이 겪고 있는 정신적 갈등을 정당화할 것이다. 즉, 이성은 감정을 뒷받침해주는 역할을 하게 된다. 모든 생각은 점점 증폭되는 분노에 휘말려 결국에는 꼭지가 돌아버리고 마는 것이다. 그러나 버럭 화를 내는 순간, 처음 느꼈던 공정에 대한 착각은 대부분 사라지게 마련인 법. 막상 화가 났을 때는 자신이 아주 멋져 보였겠지만 감정이 가라앉고 나면 수치심이 뒤따르거나 이를 후회할 것이다.

부정적인 자기감정 Negative Self-feeling

분노가 치미는 두 번째 정신 상태는 '부정적인 자기감정(자존감)'을 꼽는다. 자존감이 낮아지면 분노가 따르게 된다는 것이다. 모든 관찰자가 이구동성으로 밝힌 바에 따르면, 이런 감정은 때때로 분노의 초기 단계에서 나타난다고 한다. 아울러 자존감을 떨어뜨리는 외부 상황은 간접적으로 심기를 건드릴 수 있으며, 마치 짜증이 꼭 분노로 표출되는 것은 아니듯, 부정적인 자기감정 또한 그렇다는 것이다.

부정적인 자기감정은 이를 잇는 분노와는 뚜렷이 대조된다. 첫째는 지속 시간이다. 부정적인 자기감정은 순식간에 분노로 전이될 수 있다. 물론 경우에 따라 굴욕감이 한참 지속되거나 반복되다 이성을 잃을 때도 있다. 이 감정은 이를테면, 불쾌감을 비롯하여 온몸에 힘이 빠진 것 같고, 몸이 움츠러드는 기분에, 도망치고 싶은 충동, 혹은 혼란스럽고 불안한 심정을 두고 하는 말이다. 사람들은 구어체 표현을 써서 이를 내색하는데, 특히 자아 및 감정과 관련된 다양한 어휘를 구사한다. 관찰자들이 기록해둔 어구는 다음과 같다.

"무시당한 기분이 들었다."
"굴욕감을 느꼈다."
"무능한 사람 같았다."
"덤터기를 쓴 기분이다."
"짓밟힌 기분이다."
"자기비하랄까."
"모욕감을 느꼈다."
"억눌린 기분이었다."
"쓰레기로 취급하는 것 같았다."
"걱정이 앞서더라."
"한대 얻어맞은 것 같았다."
"내 능력을 깎아내리는 것처럼 들렸다."
"나 자신에게 실망했다."
"부끄러웠다."
"마음이 상했다."
"엎친 데 덮친 격이다."
"하찮은 존재 같았다."
"자존감이 떨어졌다."
"당황스러웠다."
"현장에서 딱 걸린 기분이었다."

짜증과 달리, 부정적인 자기감정은 외부 상황의 영향을 받으며, 주로 사람과 밀접한 관계가 있다. 자존감이 꺾인 상태에서 치밀어오르는 분노와, 짜증에서 비롯된 분노는 전혀 다른 과정을 거친다. 짜증에서 오는 분노는 오만가지 감정이나 생각, 혹은 외부 요인이 얽히고설키므로 사태가 복잡해지다가 어느 순간 돌연 폭발하는 반면, 자기감정이 낮아진 상태에서 표출되는 분노는 감정의 급격한 반응으로, 원래 감정과는 뚜렷이 대조된다. 이 같은 특징은 다음 사례에 잘 나타나 있다.

B는 한 공개회의에서 몇 가지 실수를 저질렀다. 이때 X가 연설 중 농담으로 B의 실수를 지적하자 B는 순간 당황했고 살짝 걱정도 되고 부끄럽기도 했다. 얼마 후 B는 X에게 살짝 화가 나기 시작했고 보복할 방법을 고민했다. B는 제 실수에 화가 난 것이 아니라 X가 공개적으로 이를 지적해 망신을 줬다는 데 화가 났다고 밝혔다.

한편 F는 수표를 현금으로 바꾸러 갔다가 거절당한 적이 있다. 그는 이렇게 속내를 털어놓았다.

"무시당한 기분이 들었다. 길을 걷는데 버럭 화가 났다. … 전날 수표를 바꾸는 사람의 모습이 머릿속에 떠오르자 감정은 더 격해졌다."

F는 수표를 바꾸지 못한 것 자체에 화가 났다기보다는 '차별받았다'라는 생각 때문에 화가 났다고 덧붙였다. 담당 직원이 야속하기만 했다. 물론 직원은 규정을 지켰을 뿐, 개인적인 책임은 없다는 생각이 들다가도 다른 사람이 수표를 바꾸는 모습이 떠오를라치면 그냥 용서가 안 되었다.

부정적인 자기감정은 뚜렷한 전조 의식 없이 갑작스레 나타난다. 이는 자존감에 대해 긍정적인 감정이 선행되면 불가피하게 결정되는 감정이기도 하다. 예컨대, C의 감정 기록을 살펴본 결과, 하루에 줄잡아 1~4개의 감정이 관찰된 것으로 나타났다. 화를 내지 않고 순조롭게 넘어간 날도 더러 있었지만, 그날 저녁에는 특이하게도 12번이나 격분했다는 기록이 있었다. 조사해보니 특별한 원인은 없었다. 그저 C가 온종일 기분이 아주 좋았고 평소보다 많은 업무를 처리했다는 사실만 밝혀졌을 뿐이다.

G와 D에게서 수집한 기록과 비교해 보면 좀 이해하기 힘든 결과였다. G와 D는 거의 화를 내지 않았고, 일주일 이상 분노를 느끼지 않은 날도 있었다고 한다. 12월 4일, D는 네 건의 분노를 관찰·기록했다. 관찰 결과에 따르면, 그는 전날 몸이 안 좋아 잠을 이루지 못했다고 하는데, G도 자신의 내면을 살펴보던 중 아플 때는 이틀간 10번이나 화를 냈다고 밝혔다.

G와 D의 기록을 분석해보면, 그들의 분노에는 '짜증'이라는 감정의 전조나 뚜렷한 전조 의식이 없다는 사실을 알 수 있다. 어느 사례를 보더라도 감정의 전조에서 자존감이 낮아졌다는 감정의 전조는 없었다.

반면, C의 기분이 좋았던 날 12건의 '유별난' 분노를 기록한 감정 보고서에는 부정적인 자기감정이 전조로 나타났다. A도 기분이 가장 좋은 날에는 분노 건수가 증가했는데 처음에는 자존감이 낮아졌다는 점을 감지했다고 한다. 이러한 증언은 자존감이 활성화되어 있을 때(즉, 자존감이 높을 때) 부정적인 감정이 조금이라도 비집고 들어오면 쉽게 이성을 잃는다는 방증이다.

평소에는 자존감을 크게 의식하지 않다가도 누군가가 자존심을 건드리거나(방해), 반대로 자존감을 더욱 높여주는 상황(강화)이 벌어지면 그제야 자존감과 연결된 감정이 의식 속에 명확히 자리를 잡는다. 즉, 자존감이 이미 형성되어 있으면 자존감은 곧 분노를 느끼기 쉬운 '멘탈'로 만든다는 이야기다.

C의 관찰 기록을 보면 공감이 갈 것이다. C는 X를 만났다. C는 그에게 말을 걸었으나 X는 아무런 대꾸도 하지 않았다. 이때 C는 이렇게 술회했다.

"순간 모욕을 느꼈다 …. '내가 그렇게 만만한가?He does not know my importance' 혼잣말을 하고는 홧김에 X에게 욕설을 퍼붓는 상상을 했다. 결국 그는 X가 자신을 못 본 이유를 찾으며 마음을 가라앉혔다."

어떤 발언이나, 주장, 우연히 연상되는 생각, 상대방의 태도 혹은 사건 등, 자존감을 조금이라도 깎아내리는 것이라면 무엇이든 심기를 건드릴 수 있다. 물론 이를 두고는 당사자에 따라, 혹은 같은 사람이라도 시점이 다르면 상황에 대처하는 방식은 개인마다 크게 다를 수밖에 없다. 사소한 일도 자존심에 '스크래치'를 내면 속이 뒤틀리게 마련이지만, 대놓고 명예를 훼손하더라도 이를 문제 삼지 않는 경우도 더러 있다. 상대방의 성격과, 그의 사회적 지위와 지적 수준 및 전반적인 인상과 태도가 감정을 폭발시키는 '뇌관'이 되지만, 정작 되먹지 않은 성격은 못 본 체하고 되레 길 가다 마주친 애먼 사람에게 화풀이하는 때도 더러 있다.

결과를 보면 권력이 없는 사람이 권력이 있는 사람에게 느끼는 분노나, 사회적 위치가 낮은 사람이 더 높은 사람에게 느끼는 분노는 대개 부정적인 자기감정(낮은 자존감)이 전조로 나타난다. 권력자에 대한 마음속 불만과 자존감이 같이 작동할 때 자존감이 손상되면 분노가 치밀어 오를 수 있도록 정신적인 '밑밥'이 깔리게 된다.

C와 D 및 E가 표출한 가장 격앙된 분노는 모두 권력자에 대한 것이었다. D의 말은 이렇다. "그들이 권력을 악용해 우릴 쫓아내려 한다는 걸 눈치챘을 때 살짝 굴욕이긴 했어도 화가 나진 않았다. 자리를 차지하려는 그들의 모습이 외려 초라하게 느껴졌다." 그러나 얼마 후, D는 상상 속에서 다소 격한 말다툼을 벌였다. 그는 거침없는 말발로 이겼다는 '정신승리'로 감정을 추슬렀다.

한편, E는 자신의 내면을 관찰하며 이렇게 술회했다.

"X가 평범한 사람이었다면 그 일은 두 번 다시 떠올리진 않았을 것이다. 하지만 사회적 위치가 아주 높다 보니 … 용서가 안 되더라. 그쪽이 처신을 더 잘했어야 했다고 본다."

반면, 아랫사람을 대하는 마음가짐과 자존감이 결합해도 분노를 일으킬 수 있는 선행조건이 된다. 지위가 낮은 사람이 지나치게 친근감을 표시한다고 느낄 경우, 순간 상대방과 같은 수준으로 취급받는다는 생각에 자존감이 격하되면서 얼굴을 붉힐 수 있다는 이야기다. 예컨대, 우리가 존경하거나 우상으로 생각하는 사람이 친근하게 등을 두드리면 불쾌할 줄 모르지만, 자신보다 지위가 낮은 사람이 같은 행동을 했다면 불쾌감을 느낄 것이다. 같은 행동이라도 자신이 존경하는 사람은 자존감을 높여주지만, 상대적으로 낮다고 보는 사람은 자존감을 떨어뜨릴 수 있다.

D는 어느 날 사람이 많이 모인 곳에서 겪었던 일을 보고했다. 한 아이가 일부러 그의 뒤꿈치를 계속 밟더라는 것이다.

"솔직히 아프지는 않았지만, 도리에 맞지 않게 녀석이 너무 막 들이댄다 싶었다. 무례하다는 생각에 살짝 굴욕을 느꼈다."

한편, A는 자신보다 지위가 낮은 어떤 사람 때문에 심기가 불편했던 경험을 털어놓으며 이렇게 말했다. "X가 한 행동 자체를 문제 삼는 게 아니라, 다른 사람 앞에서 과하리만치 친하다는 인상을 주었다는 게 더 당황스러웠다."

관찰 결과, 상대방이 한 말이나 행위보다는 '태도'가 누군가를 불쾌하게 만드는 정황이 자주 포착되었다. 지나치게 의기양양하다거나 너무 똑똑해 보이려 한다거나, 혹은 과하게 친한 척을 한다거나, 거만해 보이는 인상 등이 분노를 자극하는 방아쇠가 될 수 있다. 다음은 이런 유형의 분노를 자극한 상황에서 연구 대상 각자가 밝힌 기록이다.

C *"어지간히 근엄해 보이는 태도가 무엇보다 재수 없었다."*

G *"가장 화가 났던 건 모든 걸 다 아는 것처럼 거들먹거리는 태도였다."*

I "똑똑한 척은 혼자 다 하더라. 게다가 갑질까지 한다는 생각에 정말 불쾌했다."

H "뭣도 모르고 지껄이는 사람 취급하듯 나를 빤히 쳐다보는 게 기분 나빴다."

F "이미 통달한 사람처럼 꽤 현명한 척하더라."

E "말 자체보다는 고의로 비방하려는 태도 때문에 열이 받았다."

A "그의 발언이 아니라, 문제를 대수롭지 않게 넘길 때 보였던 오만한 인상과 살짝 비웃는 듯한 실소가 계속 귀에 맴돌았다."

자존감이 떨어지는 상황에서는, 그에 연루된 사람이 없더라도 누군가에게 분노를 쏟아내는 것이 인지상정이다. 이때 옳고 그름의 경계는 잠시 접어두게 된다. 혹자는 탓할 대상이 없다는 사실을 어렴풋이나마 알지만, 그 순간에는 이를 무시하고 감정을 표출하려는 충동이 의식 속에서 가장 강하게 작동한다. 물론 개인마다 정도는 크게 다를 것이다.

G는 개인의 문제보다는 원칙을 들먹이며 분노를 쏟아내는 습관이 있는 것으로 보인다. 관찰 기록을 보면 특정인 몇몇이

문제에 연루되어 있었지만, G는 사람보다는 원칙을 위반했다는 사실 때문에 심기가 불편했다고 한다. 하루는 어느 사업가가 G에게 거짓말을 해 곤란을 겪은 적이 있다. 이때 G는 이렇게 말했다. "그 대표에게 화가 나진 않았다. 원래 그런 식으로 장사하던 사람이었으니까." 하지만 감정이 계속 누적되자 그는 비즈니스 윤리를 거론하며 다소 격앙된 반응을 보였다. 옳고 그름에 대한 기준을 무시하는 정도 또한 사람마다 크게 다를 것이다.

관찰 기록을 수집해 보면, 자신에 대한 분노도 상당히 자주 나타난다는 사실을 알 수 있다. 자기분노가 단순히 '짜증'이라는 전조(전 단계)부터 진행된 사례는 없었다. 그보다는 자신에게 굴욕감을 느끼고, 마치 타인을 대하는 듯한 뉘앙스로 자신의 성격을 타박하는 반응을 보인다.

관찰자 B와 G는 자신에게 화를 낸 적이 더러 있던 반면, A는 그런 적이 거의 없다고 밝혔다. G의 기록을 보면 이렇다. 일이 계속 풀리지 않자 굴욕을 느낀 그는 "정말 무능한 것 같았다. 내 밑에 사람이 이런 식으로 일을 처리했다면 나라도 당장 해고했을 것"이라며 하소연을 했다는 것이다. G는 마치 다른 사람을 타박하듯, 비난하는 말을 연신 쏟아내며 자신을 책망했다.

한편 B는 책을 읽다가 작가가 설명한 구절을 이해하지 못했다. 몇 번을 읽어도 진도가 나가질 않자, 그는 이렇게 토로했다. "왠지 좀 모자란다고 생각했다. 낙심과 함께 불안감이 밀려왔다. 내가 이렇게 멍청했나 싶은 생각에 자신에게 화가 났다. 그는 격앙된 감정에 주먹을 불끈 쥐었다. 자신을 때리고 싶은 충동마저 느꼈다. 그러나 이내 흥분을 가라앉히고 구절을 다시 읽은 그는 글을 애매하게 썼다며 되레 저자를 탓했다. B는 탁자 위에 책을 내던지며 분통을 터뜨렸다. '이봐, 작가 양반, 멍청한 건 당신이야. 글이 개떡 같잖아!' 그러자 기분이 좋아졌다. 작가보다 낫다는 우월감 때문이랄까."

앞서 자존감이 낮은 상태에서 분노가 발생하는 아주 흔한 사례는 외부 자극이 실제로 사라진 후에도 분노가 더 강하게 표출되는 때를 꼽는다. 즉, 당시보다 나중에 그 상황을 떠올릴 때 더 큰 분노를 느낀다는 것이다. 이처럼 뒤늦은 분노는 연구 대상자 모두에게서 관찰되었다. 여기서 눈여겨볼 점이 있다면, 전조가 되는 짜증과 함께 발생하는 분노는 앞선 사례처럼 지연된 방식으로 나타나지는 않았다는 것이다. 상상 속에서 과거의 사건을 떠올릴 때 분노가 더 격앙될 수 있으며, 당시에는 분노를 느끼지 않았더라도 사건을 되뇔수록 감정은 더 격해질 수 있다는 이야기다.

격론 중에 헐뜯는 듯한 발언을 들었다 치자. 그때는 무심코 지나칠 수 있지만, 나중에 다른 상황에서 이를 떠올리면 감정은 완전히 달라질 수 있다. 이를테면, X는 E와 논쟁을 벌이는 사이, "논의 주제를 Y만큼 알지도 못하는 녀석"이라는 식으로 핀잔을 주었다. 이때 나(C)는 그 말이 나 자신도 깎아내리는 발언임을 의식했지만, 그때는 별 감정이 없었다. 오히려 내 논리가 더 합리적이라는 생각에 상대의 공격이 이를 인정하는 것처럼 들렸으니 말이다. 하지만 시간이 지나 같은 발언을 다시 떠올렸을 때는 (자존감이 낮아진 까닭에) 심히 모욕감을 느끼며 분통을 터뜨리고 말았다. 결국 C는 상대방(X)의 자존심을 건드릴 만한 '독설'을 짜내기 시작했다.

자극을 받은 순간, 지나치게 공세적인 태도는 자존감이 쉽게 떨어지지 않도록 미리 막아주기 때문에 부정적인 자기감정을 전조로 한 분노는 표출되지 않는다. 하지만 잠시라도 자신의 소견에 대한 확신을 잃거나, 이를 제대로 구사하지 못하면 독설의 '비수'에 더 민감하게 반응할 것이다.

사건을 회상하다 보면 감정이 더 격앙되는 이유는 이뿐만이 아니다. 사람들과 소통·교류하는 동안에는 감정을 억제하는 것이 인지상정이지만 기억을 떠올릴 때는 그런 억제력이 느슨해질 수 있기 때문이다. 실제로 이웃과 부대끼며 살 때는 윤리적인 기준이 필요하겠지만 개인의 자유로운 생각 속에서는 윤리가 굳이 적용되진 않는다. 물론 이를 두고는 연구 대상마다 개인차가 꽤 큰 것으로 나타났다. 대체로 감정이 뚜렷한 사람일수록 실제로 사건이 벌어졌을 때와, 상상 속에서 이를 재현할 때 그들이 각각 적용하는 윤리적 기준 사이에는 현격한 차이가 있다는 것이다. 피관찰자는 모두 격분할 때, 상상 속에서의 대응이 훨씬 더 저열하고crude 비윤리적unethical이었으므로 상상 속에서의 '멘붕'이 좀더 격해질 수 있다는 것이다.

세 번째 변수도 무관하지는 않을 성싶다. 예컨대, 심기를 건드리는 언행이라도 웃으면서 혹은 허물없이 사근사근하면 자존심이 상하지 않고 어느 정도는 웃고 넘길 수 있지만 나중에 이를 떠올릴 때는 친근한 태도가 기억에서 멀어지기 때문에 더 격앙된 분노가 표출될 수 있다는 이야기다.

네 번째 변수는 상상 속 분노가 더 강성해지는 경위를 설명한다. 이런 분노는 대개 반복되면서 차츰차츰 누적되곤 한다. 어떤 경험이 아직 전무한 상황에서 어떤 감정이 생기려면 마음속의 방어벽부터 무너져야 한다. 감정은 연속된 자극이 반복되면서 점차 강성해지는 과정으로 발전한다. 한 번의 사소한 언행이 앞서 분노를 촉발한 적이 없다면 그때는 민망하긴 해도 화를 내지 않고 넘어갈 수 있지만, 비슷한 상황이 반복되면 분노가 생길 수 있는 심리상태가 조성되게 마련이다. 그러므로 같은 상황을 계속 상상하면 감정이 점차 격앙되어 결국에는 크게 폭발하는 것이다.

E의 관찰 기록이 이를 잘 보여준다.

"X와 격론을 벌이고 있었지만, 기분은 아주 좋았다. 논쟁을 즐기는 분위기라 남들도 그럴 거라고 생각했다."

하지만 기록에 따르면, X는 E와는 사뭇 다른 이야기를 했다고 한다.

"논쟁의 열기가 아주 가시기 전, 문득 그의 발언이 나를 겨냥하고 있다는 것을 깨달았다. 이때 나는 살짝 불쾌하고 자존심이 상했지만, X에게 화가 나지는 않았다. 이튿날 오전 10시, 그와 벌였던 논쟁이 다시금 떠올랐다. 자존심이 상하면서 전과는 달리 분노가 치밀어올랐다. '그때 왜 그 말을 하지 않았을까?' 싶은 후회와 함께, 다음에 비슷한 상황이 오면 뭐라고 할지 생각하게 되었다."

즉각적인 감정의 전조 단계가 없는
돌발적인 분노

이번 연구는 원래 분노 같은 감정에는 일종의 전조(예고) 단계가 있다고 주장한 분트의 견해를 바탕으로 출발했다. 하지만 연구가 더는 진행되지 않아 그의 가설은 폐기되어야 했다.

관찰 기록을 보면, 분노는 이렇다 할 전조 없이 돌발적으로 표출되는 사례도 있는 것으로 나타났다. 즉, 사람이 거의 의식하기도 전에 돌연 욱하는 감정이 올라오면서 거친 말씨와 행동이 드러난다는 것이다. 이처럼 급작스러운 분노는 앞서 겪은 감정과 연결되어 있는 경우가 허다하다는 점이 관찰로 입증되었다. 이를테면, 예전 감정으로부터 형성된 심리적 기질이 잔존해 있으므로 상황이 달라져도 비슷한 감정이—누적되는 과정 없이—돌연 표출된다는 이야기다. 미지의 감정은 대개 찬찬히 쌓이면서 폭발하지만 이미 한바탕 겪은 감정이라면 길이 열려 있어 별 저항 없이 곧장 생길 수 있을 것이다.

관찰자 A의 기록을 보자. "방에 들어와 우두커니 앉아 있으려니 X가 떠올랐다. 갑자기 분노가 치밀었다. 신체 반응이 애당초 눈에 띄게 나타나지는 않았다. 하지만 나는 X와 대화를 나누고 있는 양, 점점 언성을 높여가며 혼잣말로 중얼거리고 있었다. X와는 세 차례 다툰 적이 있는데 그게 뇌리를 스쳤다. 상상 속에서 X는 내 말에 기가 살짝 꺾인 눈치였다. 처음 기분이 좋아졌다. 상상이지만 상대방에게 훅을 한 방 날린 기분이었다."

앞서 살펴본 바와 같이, 피관찰자가 된 사람들에게는 모두 특정 인물이나 원칙에 대해 형성된 자신만의 심리적인 기질 mental disposition이 있다. 이러한 기질 때문에 화가 순식간에 치밀어오르고 초기 단계에서 짜증이나 자존감이 낮아지지 않고도 쉽게 '극대노'가 가능한 것이다. 이런 상황에서 느끼는 분노는 대개 만족감을 주기도 한다. 돌발적인 분노와 연결된 심리적 기질은 이후에도 같은 감정이 떠오를 때 여전히 작동할 수 있는데, 이는 비슷한 상황이 반복될 때마다 다시 분노가 폭발할 수 있음을 보여주는 사례로 자주 관찰되고 있다.

B는 자신조차 믿지 않는 설교를 늘어놓는 목회자들에게 강한 반감을 품었다. G는 일이 서투르거나 품질이 떨어지는 물건을 만드는 제조업체를 특히 싫어했으며, I는 동물 학대를 아주 경멸했다. D는 우정을 배신하는 사람을 보면 분노를 억누를 수 없었다. 이 같은 감정은 모두 과거의 초기 경험에서 비롯된 것이다.

B는 X와 대화하던 중 자신도 안 믿는 설교를 버젓이 하는

목사를 거론하기 시작했다. Y 박사기 지목되었다. 예전에 Y 박사가 젊은이들과 맥주를 들이켜는 모습을 보고 불쾌하게 생각한 적이 있었기 때문이다. B는 X를 붙잡고 열을 올리며 Y를 욕하기 시작했다. 그처럼 이중인격을 가진 사람들을 어떻게 생각하는지 자신의 의견을 피력한 것이다.

"나도 모르게 손짓·발짓해가며 의분을 표출하고 있었다. 화를 내는 상황을 즐기고 있었달까. 그런 목사들을 욕하면 괜스레 속이 후련해지더라."

B는 그런 부류의 목사에 대해 여러 번 분노한 경험이 있다고 보고했다. I의 사례는 이를 좀더 구체적으로 보여준다.

"3주간 매번 같은 분노를 느꼈다. 매일 이맘때 마주치는 배달원이 있는데 자기 말을 때리고 못살게 구는 행태가 마뜩잖았기 때문이다. 같은 상황이 반복될 때마다 부아가 치밀면서도 한편으로는 후련하기도 했다(억눌린 분노를 표출할 때 느끼는 후련함). 소싯적 집 근처에 살던 독일인 할아버지가 말을 학대하던 모습이 떠올랐다. 경찰에 신고해야겠다는 생각이 들었지만 녀석이 보이질 않아 그 생각은 접어두었다."

Chapter 2
의식은 어떻게 작용하는가?

분트[15]는 감정에 대한 반응을 두 유형으로 구분했다. 첫째는 외적 의지 행위outer volitional acts요, 둘째는 내적 의지 행위inner volitional acts이다. 전자는 겉으로 드러나는 행태로, 감정을 몸으로 표현한다는 것이고 후자는 심리적인 행동을 가리킨다. 감정을 연구할 때 관심은 대개 겉으로 보이는 표현에 집중되어 왔다. 예컨대, 다윈의 감정 연구 또한 인간과 동물의 감정을 나타내는 미세한 신체적 표현에 주목했고, 그는 이를 본능적인 습관으로 설명했다. 이러한 연구는 제임스·랑게 이론the James-Lange theory의 발판이 되었다. 이 이론에 따르면 감정은 본능적인 신체 표현에서 오는 감각일 뿐이라고 한다.

---

15 분트, W. (1907). 『심리학 개요』. C. H. 저드 역. 제3판. 스테헤르트.

*제임스·랑게 이론

'몸의 반응이 먼저 생기면 그후에 감정이 따라온다'는 개념. 쉽게 말해, 슬픔을 느껴서 울기보다는 눈물을 흘리기 때문에 슬퍼진다는 것이다. 예컨대, 무서운 상황에서 심장이 두근거리기 시작하면 인간은 신체 반응을 인지하면서 '아, 내가 지금 두려움을 느끼고 있구나'라고 생각하게 된다는 것이다. 즉, 제임스·랑게 이론에서는 신체적 변화가 감정의 원인이라고 설명한다.

2장을 쓴 목적은 분노가 끓어오르는 의식 상태에서 벌어지는 심리적인 행태를 연구하는 데 있다. 물론 신체적 표현이 근본적인 것인 데다 중요한 역할을 한다는 점은 널리 알려진 가설인 동시에 객관적인 감정 연구에도 중요한 근거가 되어 왔다.

그러나 필자는 분노를 체감하는 사람들의 심리적 행동에 주안점을 두고 연구할 참이다. 윤리는 화가 났을 때 우리가 어떻게 처신해야 하는지 조언해주지만, 심리학은 실제로 감정이 흥분했을 때 의식이 어떻게 작용하는지를 찾는 데는 관심을 두지 않았다. 데이비드 아이언스David Irons[16]는 이를 지적하며 다음과 같이 주장했다.

"의식의 반응 측면을 가장 눈에 띄게 소홀히 여기는 영역은 감정이다(감정은 사람의 반응을 가장 무시하는 영역이다)."

분노를 의식할 때 나타나는 특징 중 하나는 심리적 활동성

---

16 아이언스, D. (1903). 『윤리학의 심리학』. 에든버러: 블랙우드 앤 선즈.

mental activity이 높아진다는 것이다. 이를테면, 오만가지 이미지 (상상)와 마음attitude과 감정 및 느낌이 순식간에 요동치다 사그라지는 것을 반복한다. 이는 기분이 살짝 나빴을 때도 적용되는 이야기다. 실제로 의식을 들여다보면 분노의 정도가 약할수록 변동성changeableness은 더 두드러지게 나타나는 사례가 더러 있다. 겉으로는 움직임이 거의 없어 보여도 내면에서는 감정을 다루는 심리학에서 참고해야 할 프로세스가 다양하게 펼쳐지고 있는 것이다.

분노에 대한 심리적 반응을 수집해 보니 의식적인 행동은 세 가지 유형으로 구분할 수 있다는 것을 발견했다. 첫 번째는 감정에 본능적으로 수반되는 방향으로, 자극에 가장 충동적으로 반응하는 방식을 일컫는다. 이때 공격성이 드러나는데, 이를테면, 빈정거린다거나, 치욕을 느끼는 상대방을 상상한다거나, 혹은 적대적인 조롱이나, 농담 같은 모양으로 나타난다. 이를 귀인반응attributive reaction이라 한다.

두 번째 유형은 공격성과 반대되는 방향으로, 본능적인 충동이 반전을 이룬다. 예컨대, 상대방에게 우호적인 마음을 갖고 어떤 잘못에 대해 수긍할만한 이유를 찾는가 하면, 과하리만치 공손한 태도를 취한다. 반대반응contrary reaction이란 이를 두고 하는 말이다.

끝으로 세 번째는 완전히 의식적인 태도로, 감정을 자극하는 상황에 무관심한 유형이다. 상대방의 잘못을 무덤덤하게 무시하거나, "그게 뭐 대수라고"라거나 혹은 "말해 봐야 뭐가 달라지겠어?"라며 무심히 넘기는 태도를 보인다. 이를 무관심반응-indifferent reaction이라 한다.

앞서 열거한 세 유형은 심기가 불편한 상황에서 의식이 어떻게 반응하는지 잘 보여준다. 분노가 아주 사라지기 전까지 한 가지 유형이 관찰되기도 하고 세 가지가 모두 나타나는 경우도 있다. 연구에 따르면, 분노가 감지된 600건의 사례 중, 약 1,468건의 반응이 관찰되었다고 한다. 그중 71퍼센트는 귀인반응이었고, 18퍼센트와 11퍼센트는 각각 반대반응과 무관심반응인 것으로 나타났다.

분노가 치밀 때 첫 반응은 항상 '귀인' 타입이다. 그로부터 분노가 사그라들기까지 다른 반응이 나타날 수는 있지만, 초기 단계에서는 항상 귀인반응이 두드러지게 관찰된다. 반대반응과 무관심반응은 시간이 지나면서 초기의 공격적인 충동이 억제된 후에 나타난다. 분노라는 감정이 전적으로 귀인반응만 존재할 때가 더러 있는데, 귀인반응이 오래 지속되면 일부는 거친 언동이나 비사회적인 성향을 보이고, 일부는 이를 완곡하게 순화하거나 위장하거나, 혹은 아주 감추어 버리기도 한다. 특히 꼭지가 '완전히' 돌아버렸다면, 단계를 막론하고 비사회적인 성향은 두드러지게 나타날 것이다.

귀인반응-Attributive Reaction

분노를 의식하는 과정 중 특히 첫 단계에서는 분노를 억제하려는 성향이 나타난다. 이때는 법적 기준에 어긋나는, 적대적인 충동—반드시 억눌러야 하는—을 의식한다. 보고서에 따르면, 첫 단계는 대개 심기가 불편하다(불쾌하다)는 반응을 보인다고 한다.

분노의 두 번째 특성은 어떤 형태로든 반응이 일어난다는 것이다. 심리적인 측면에서 보면 그 순간 저항이 가장 작은 쪽으로 반응하게 된다. 이때 사람은 정신이 가동하면서(mental life, 내면에서 일어나는 생각, 감정, 기억, 상상, 인식 등 전반적인 정신활동을 일컫는다-옮긴이) 주관적인 반응을 보일 것이다. 특히 저항을 줄이는 데는 동작 이미지와 시각 이미지가 중요한 역할을 한다.

세 번째 특징은 독일어로 '페어쉬붕Verschiebung'이라고 하는데, 이는 감정이 느껴지더라도 겉으로 표출되지 않도록 스스로 억누르거나 억제하는 상태를 두고 하는 말이다. 감정이 억제되어 다른 반응이 나타나는데, 순전히 혹은 어느 정도는 주관적일 것이다. 자신의 격앙된 감정을 관찰한 사람은 그렇게 억제하지 않았더라면 훨씬 더 과격한 '개싸움'이 났으리라는 점을 누구보다 잘 알고 있었다.

시각 및 동작 이미지로 대신하다

관찰 대상자 중 주먹을 휘둘러 폭행으로 이어진 사례는 거의 없었다. 단 자녀를 교육하겠다는 사람에게서 그런 경우가 더러 있긴 했다. 실제로 싸움이 벌어졌다는 보고도 거의 없었다. 정말 한 대 때리고는 싶었으나 '마음속으로만' 쥐어패면서 충동을 전환할 수 있는 의식의 유연성은 꽤 인상적이다. 즉, 어떤 이미지나 동작을 상상하면 억눌린 충동을 대신할 수 있어 심리적인 만족감을 누릴 수 있다는 것이다. A의 사례를 보라.

"X에게 직설을 쏟아내듯 빈정거렸고, 어떻게 하면 그에게 모멸감을 줄 수 있을지 고민하는 내 모습을 상상했다. 결국에는 길거리에서 그를 걷어차며 '다시는 너와 엮이고 싶지 않다'라고 쏘아붙이는 나를 떠올렸다. 상상만으로도 주도권을 잡았다는 생각에 기분이 째졌다. 이때 X는 후회하는 눈치였다."

부아가 치밀 때 머릿속에서 상대를 공격하거나 싸우는 자신을 상상하는 것은 일반적인 반응이다. 분노를 억누르다가 더 는 해소할 출구가 없을 때는 상상이나 공상이, 억제된 감정을 대신 표출하는 역할을 하기 때문이다. 일단 화가 나면 분노를 통해 직접적으로 이루고자 하는 목적을 자각할 수도 있고, 그렇지 않을 수도 있다(목적이 애매할 수도 있다).

"X에게 당장 따끔하게 한마디 한다거나, 무슨 짓을 해서라도 꼭 복수하고 싶었다. 처음에는 무엇을 어떻게 해야 할지 잘 몰랐지만 무례한 언동으로 무언가를 하려는 충동은 강했다."

I의 말이다.

분노가 이제 막 끓어오를 때 흥분된 감정이 어떤 대상에게 명확히 꽂히면 행동의 목적도 명확해질 것이다. A의 사례를 보자.

"살짝 열이 오를 때부터 X(어린이)를 들어 사정없이 흔들고 싶은 격한 충동을 느꼈다. 이를 억누르며 아이에게 짜증을 내자, 녀석을 두 손으로 쥐어흔드는 이미지가 떠올랐다."

"X에게 혼쭐을 내주고 싶었다. 이를 억누르자마자 머릿속으로는 정말 내가 그러고 있더라."

C는 "처음에는 X를 발로 차고 싶었지만, 마음을 고쳐먹고 나니 상상 속에서 걷어차는 이미지가 떠올랐고 상대방은 얼굴에 피멍이 들었다"고 밝혔다.

E는 "냅다 흔들어주고 싶었는데 정말 그러는 내 모습이 떠올랐다"고 털어놓았다.

G는 주변에서 계속 신경을 건드려 결국에는 폭발하고 말았다. 그는 자신의 분노를 가리켜 "무언가를 물어뜯거나 때리고 싶은 기분이었다"라고 밝혔다.

B는 길에서 만난 아이들에게 망신을 당한 사례를 보고했다. 당시에는 분노를 자제했지만 시간이 지나자 감정은 더 격앙되었다.

> "아이 하나에게 주먹질하는 모습을 상상했다. 머릿속에서 몇 번이고 강펀치를 날렸다. 아이는 반격할 여유조차 없었기 때문에 일방적인 승리감을 만끽했다."

H는 약 45분간 분노가 가시지 않은 사례를 보고하며 이렇게 말했다. "아이에게 달려들어 으르렁대는 나를 상상했다. 그러자 아이는 부들부들 떨었다."

분노를 완곡하게

　상상 속에서 싸워 이기되, 주관적 해석이나 필터를 거치지 않고 감정을 그대로 드러내는 대신 다른 방식으로 쾌감을 얻는 것을 두고 하는 말이다. 여기서 다른 방식으로 감정을 표출한다는 것은 처음에는 억눌린 감정을 차츰 완화하면서 좀 더 순화하거나, 혹은 살짝 가식적으로disguised 반응한다는 뜻이다. 그러면 적대감을 노골적으로 드러내지 않아도 만족감을 느끼게 된다.

　예컨대, A는 X가 남들 앞에서 한 발언 때문에 망신을 당했다고 생각했다. "너무 무례해서 분통이 터졌다. 일부러 녀석 앞을 얼쩡거리다 장난스레 웃으며 팔을 꽉 쥐었다. 멍이라도 들게 하고 싶었다. 아니, 팔을 부러뜨리고 싶은 심정이었다. 팔을 쥔 것은 단지 대체적인 몸짓에 지나지 않았지만, 그거라도 하고 나니 기분이 꽤 후련해졌다. 후회나 죄책감은 전혀 없었다." 이처럼 장난으로 '위장한 폭력'은 A, C, D 같은 사람이 불쾌감을 느낄 때 흔히 나타나는 반응 중 하나다.

　D도 비슷한 경험을 했다. "X에게 화가 났지만 마음을 다잡으려 애썼다. 그 순간 나는 그를 잡고 주먹으로 옆구리를 몇 대 치면서 씩 웃었다. 기분이 상했다는 걸 그나 다른 사람에게

들키고 싶지 않았다. 그렇게라도 해서 내가 만만치 않다는 걸 보여줄 수 있어 괜스레 기분이 좋았다."

앞선 사례에서 주목해야 할 점은, 이런 치기어린 행동이 실은, 실제 욕구를 대신한다는 것을 본인도 의식하고 있다는 것이다. 하지만 일상에서는 이런 대체 동작의 의미를 인식하지 못한 채 단순히 반응에 집중하는 경우가 허다하다. 본능적으로는 저항이 덜한 방법을 찾지만, 자신을 좀더 성찰하다 보면 억눌린 감정과 이를 대신하는 제스처를 좀더 뚜렷이 의식할 수 있을 것이다.

머릿속 욕설과 질책으로

육성도 불편한 심기를 드러내는 데 매우 중요한 수단 중 하나다. 욕설과 불평, 악담, 언쟁 및 저속한 추임새("×발," "×나") 등은 흔히 분노를 표출할 때 쓰는 말이다. 연구 결과가 강력히 시사하는 바에 따르면, 분노는 어떻게든 입술을 열어 표현하지 않더라도 마음속으로 말하거나 육성 이미지를 떠올리는 등, 거의 항상 음성과 관련된 방식으로 나타난다고 한다.

살짝 불편한 감정이나 순간적으로 욱하는 분노를 관찰해

보면, 가장 두드러진 감각으로 목 근육이 긴장되는 것이 감지된다. 연구 대상자들은 각자의 공간에 혼자 있어 '고삐'가 풀려 있을 때면 인신공격이나 가벼운 추임새("망할damn," "젠장shit," "헐hell," "개소리crap" 등)를 쏟아내는 것이 일반적인 반응이었다. 즉, 육성을 통해 감정을 발산하는 것이 가장 통쾌한 화풀이 방식 중 하나라는 것이다. 예컨대, B는 열이 슬슬 올라올 때 거친 비난과 육두문자를 날린 후 결과를 적어보라는 지시를 받았다. 그는 전조 단계인 짜증이 밀려올 때부터 이를 세 번 시도했다. 자발적으로 폭언을 쏟아내고 나니 곧 기분이 아주 후련해졌다고 한다.

스멀스멀 약이 오르는 첫 단계에서 사람은 육성으로써 자신의 분노를 표출하려는 성향이 있으며 분한 감정을 사람이나 물건과 직결시키곤 한다. 그러나 감정을 억눌러야 한다면—예컨대, 체면을 차려야 한다거나 민폐 남녀가 현장에 없다면—실제적인 폭언 대신 머릿속에서 핀잔을 주거나 으르렁댈 것이다. 이는 비록 상상이긴 하지만 실은 상대방에게 날리는 돌직구라는 점은 본인도 자각하고 있다. 아울러 그는 상대를 만나면 어떻게 빈정거려줄지 전략도 구체적으로 세울 것이다. 꼭 짚어야 할 말과 하고 싶은 말을 어떤 억양으로 할 것이며, 이때 강조해야 할 어구는 무엇이며 '설정'을 해서라도 주도권을 잡을 수 있는 제스처도 염두에 둔다는 것이다. 또한, 이런 전략이 상대에게는 어떤 결과를 가져올지도 짐작해보고, 상대방이 대꾸하는 모습도 머릿속으로 그려볼 것이다.

상상 속에서 벌어지는 말싸움은 대개 일방적으로 끝이 난다. 머릿속에서의 결말은 항상 자신이 승리하는 시나리오다. 몇 가지 연구 보고서를 보면, 극단적으로, 신랄하게 독설을 퍼붓는 경우도 더러 있긴 하나, 개인마다 반응의 온도차는 상당히 크며, 단순히 감정의 차이로만 설명이 되지는 않는다. 습관도 중요한 변수인 것으로 보인다.

D는 자신이 X와 Y에게 부당한 대우를 받았다고 느꼈다. 굴욕적인 일이 벌어지고 난 후, D는 돌연 울화통이 치밀어 올랐다.

"X, Y와 말다툼을 벌이는 나 자신을 상상하며, X에게 '선빵'을 날렸다. '신사답게 굴면 누가 돈을 달라고 하디? 참 치졸하기 짝이 없는 짓만 하는군.' 그리고 나니 Y가 입을 열기 시작했다. 정확히 무슨 말을 했는지는 분명치 않았지만, X를 거들고 있었다는 것만은 확실했다. 나는 Y의 말을 끊고 독설을 이었다. "니가 ○○ 출신이니 어디 개버릇 남 주겠냐마는 …." 상대방은 여러 차례 되받아치려고 했지만, 말문이 막히는 바람에 내가 주도권을 쥘 수 있었다. 기분이 우쭐해졌다."

빈정거리는 말씨는 거칠기도 하고 때로는 모욕을 주기도 한다. '가해자offender'에게 욕설을 퍼붓는 사례도 더러 있다. 실제로는 욕을 잘 하지 않던 사람도 상상 속에서는 욕을 자주 하곤 한다. 이처럼 머리로 상상하는 화풀이는 상대방의 단점을 들추어내거나, 영화 같은 이미지를 떠올리거나, 비꼬거나, 우스갯소리를 늘어놓거나 혹은 농담에 험담을 섞기도 한다.

상상력을 발휘하는 동기는 대개 상대방의 자존심을 꺾을 만한 말본새를 떠올리려는 데 있다. '가해자'가 흠칫 놀라거나 위축된 모습을 그려내면서 상상 속에서라도 공격을 가하는 것이다. 거친 욕설이나 모욕적인 말이 때로는 정확하게 짚어냈다 싶기도 하고, 빈정거리거나 까칠한 농담이 더 어울리는 듯싶을 때도 더러 있다.

빈정대는 태도는—상황에 걸맞은 말이 머릿속에 미리 장착되어있지 않은 한—다소 서서히 발동되며 이를 억누르는 과정을 거치게 마련이다. 아울러 절묘하게 비트는 말이 머리에 맴돌면 대개는 쾌감을 동반하게 된다. F의 말을 들어보자.

"처음에는 뭐라 대응해야 할지 떠오르지 않았는데 같은 감정이 몇 번이고 반복되다 보니 순간적으로 찰진 말이 떠올랐죠. 그 즉시 연신 쏘아붙였습니다. 기분이 째지던데요. 말투나 강세를 바꿔가며 만족할 때까지 연습도 하게 되더라고요."

상상 속에서 빈정거리는 말은 특히 감정이 격앙되면 상대방에게 직접 말하듯 2인칭으로("너는 입만 열면 구라지"), 혹은 제3자의 시점으로("걔는 진짜 민폐지") 떠오를 수도 있다. 대놓고 빈정거릴 의도는 없지만 그가 얼마나 별로인지를 떠올리면 왠지 모를 쾌감을 느끼는 것이다. 예컨대, B는 X가 친구에게 무례하게 굴어 의분을 느꼈다고 한다. 그는 이렇게 털어놓았다.

"분노가 치밀어 올랐던 적이 있습니다. 얼마 후 도서관 알코브(alcove, 벽면을 우묵하게 들어가게 해서 만든 공간-옮긴이)에 앉아 있는 제 모습이 그려지더라고요. 상상 속에서 어떤 사람이 다가와서는 'X라는 친구 어때요?'라고 묻기에 내가 기다렸다는 듯이 쏘아붙였죠. '그런 얼빠진 녀석은 처음 본다'고 말이죠. 그로부터 45분쯤 지났을까, 길을 걷고 있는데 또다시 열이 오르기 시작합디다. 마침 어떤 이가 아까 했던 질문을 또 하기에 전처럼 대꾸를 해줬죠. 그러고 나니 가슴이 좀 후련해지더라고요. 정말 누군가가 X를 어떻게 생각하느냐고 물어봐주면 좋겠다는 생각이 들더군요."

상대방을 두고 하는 말씨가 다소 부당하다는 걸 스스로 직감하는 경우도 더러 있지만 슬슬 열이 오를 때는 그런 사실 따위는 무시한 채 말폭탄을 쏟아붓고 싶은 마음이 앞서게 마련이다.

이 연구 결과는 '상상 속의 태도(가짜로 믿는 태도)'가 분노를 의식하는 데 매우 중요한 역할을 한다는 점을 분명히 보여준다. 이를테면 분노가 생겨날 때뿐 아니라, 내가 분노에 어떻게 반응하고 자각하는지도 모두 포함해서 말이다. 사람은 감정이 격앙되면 순간적으로 상대방이 악인이라고 믿게 된다. 그러나 잠시나마 이를 성찰해보면 많은 사람들은 이렇게 말한다.

"실제로 제가 그런 말을 내뱉을 리 만무하다는 건 너무도 잘 알고 있었죠. X 또한 생각만큼 그렇게 나쁜 사람도 아니었고요."

일단 꼭지가 돌면 상대방을 둘러싼 험담을—전에는 무시했다가도—돌연 믿게 되고 그 사람의 장점이나 미덕은 깎아내리면서 모종의 쾌감을 느끼게 된다. 예컨대, 누군가의 명예나 평판을 훼손하거나 격하시키는 풍문을 믿는다거나 부정적인 상상이나 의구심을 통해 만족감을 얻는다는 것이다. 이런 성향은 감정의 강도나 분노에 반응하는 습성에 따라 달라지기도 하는데 이를테면, 화를 잘 내고 뒷담화가 잦은 사람은 이런 분노 반응에 익숙해진 인물이라 봄직하다.

위트와 아이러니로 감정을 대신 표현하다

위트(witticism, 재치), 사르카즘(sarcasm, 빈정거림) 아이러니irony, 놀림teasing 및 농담joking 등은 맨 처음 억눌렀던 감정을 대신할 수 있는 '언어 및 상상 속 반응' 중 큰 비중을 차지한다. 처음에는 감정을 억제하려 하지만 욕설이 적당한 비아냥이나 위트로 바뀌면 감정을 억제했던 심리적 고삐가 풀리면서 저항은 자연스레 줄어들게 된다. 이때는 쾌감이나 만족감이 동반될 때가 더러 있다.

다소 진지하게 웃으며 던지는 한마디나, 공격적인 농담 등은 감정을 억누른 상태가 지나갔을 때 나타나는 반응이다. 피관찰자를 유심히 지켜보면 프로이트의 '위트 이론theory of wit'을 뒷받침하는 증거가 보인다.[17] 그가 밝힌 '텐던시 위트(tendency wit, 말장난이나 농담은 단순히 웃기려는 게 아니라 어떤 목적이나 감정을 해소하기 위한 수단이라는 뜻-옮긴이)'는 둘로 나뉜다.

공격적인 농담 – 분노에 대한 반응
외설적인 농담 – 성적인 감정에 대한 반응

사람이 분노를 느낄 때 내면의 반응을 들여다보면 프로이트

---

17 프로이트, S. (1905). 『재치와 무의식과의 관계』. 라이프치히 및 비엔나: F. 도이티케. 205쪽.

분노 심리학 **63**

식 위트 메커니즘이 잘 드러난다. 예컨대, H라는 여성은 남편이 늦게까지 귀가하지 않아 짜증이 났다고 한다. 처음에는 걱정했지만 얼마 후에는 걱정이 분노로 바뀌었고 한 시간 내내 분을 삭이고 있었던 것이다. 이때 H의 대응은 다양했다.

어떤 말로 쏘아붙일까 생각하거나, 남편의 무심한 행동을 떠올리거나, 펑펑 울거나, 자기연민에 빠지거나, 남편을 무안하게 만들기 위해 꾀를 내거나, '화내봐야 무슨 소용이람'이라며 자신을 다독이거나, 속상한 마음을 곱씹으면서 남편이 이를 눈치채고 미안해하길 바란다거나, 그에게 막말을 퍼붓는 모습을 상상했다는 것이다. 그러다 통쾌하고 짜릿한 말 한마디가 떠오른다.

"페티 디어Petty dear, 오늘 밤엔 좀 늦었네?"

무슨 말인가 싶겠지만 이 한마디에는 아내가 하고 싶었던 말이 농축되어 있다. 여기서 "페티"는 당시 신문 일러스트에 등장했던 남편 캐릭터로, 아내를 함부로 대하고 사소한 일에도 쉽게 화를 내곤 했던 인물이었다. 이는 남편도 잘 알고 있던 터라 '페티'만으로도 돌려까기가 시전되어 아주 찰지고 통쾌한 '말씨'가 되었다. 즉, 거칠고 공격적인 반응은 다소 짧고 매운 말로 변한 것이다. 아내는 일단 내뱉고 나니 '딱 들어맞는다'는 느낌에 묘한 쾌감이 들었다고 말했다.

C는 X와 언쟁을 벌이다 화가 치밀었다. C는 당시 상황을 이렇게 밝혔다.

"슬슬 열이 오르는 걸 느꼈습니다. 심한 욕설을 퍼붓고 싶은 충동이 들었지만 시선을 돌리면서 씩 웃었죠. 그러고는 농담 반 진담 반으로 '아, 머리가 장식이냐old bottle head? 아무것도 모르네'라고 말했습니다. 우스갯소리로 한 말이지만 실은 진심이었답니다. 그러고 나니 속이 후련하더라고요. X도 덩달아 웃었고요."

다른 사례를 살펴보자. A는 지인 넷과 함께 병문안을 마치고 나왔다. 그들은 '조증flight of ideas' 환자를 보고 나오는 길이었다. 지인 X가 이런저런 말을 두서없이 이어가자 A는 심기가 살짝 불편해졌다. 쓸데없는 소리를 늘어놓는다고 생각했기 때문이다. 이때 A의 장난기가 발동하기 시작했다.

"뭐라고? 조증도 감염되나 보네(환자를 빗댄 것이다)."
"머리가 유연해서 그런 걸 어떡해" X가 되받아쳤다.
"그렇지, 너무 유연해서 잽싸게 날아가 버리더라고."

"그렇게 말을 하고 나니 가슴이 후련하고 화가 싹 풀리더군요. 그러고는 아무 일 없었다는 듯 자연스레 대화를 이어갔습니다."

위트witticism는 노골적인 비난 대신 감정을 좀더 순화해서 표현하는 방식인 반면, 사르카즘(sarcasm, 빈정거림)은 훨씬 직설적이고 거칠다. 사르카즘은 대개 언어 자체보다는 억양과 태도에 적대감이 묻어난다. 이를테면 다음과 같다.

"좋아, 너네 클럽에 한번 가볼게." ('너your'에 방점을 두며 살짝 비튼다)
"맞습니다, 찐으로 지당하신 말씀입니다." ('진짜surely'를 강조하며 비튼다)
"그럼 보스도 아닌 것이? (You are not the boss then?, 그렇게 잘난 사람은 아니었네)" ('아니다not'를 강조, 한쪽 입꼬리가 살짝 올라가며 웃는다)

이처럼 사르카즘은 사람들이 화가 날 때 품위 따지지 않고 가볍게 쓸 수 있는 표현 방식이다. 위트보다 즉흥적인 데다 감정을 절제하는 시간이 짧은 탓에 사르카즘은 듣는 사람이나 말하는 사람 모두 찝찝한 감정이 남을 수 있다. 물론 거친 사르카즘과 위트가 혼용되는 경우도 더러 있다. 그러나 위트가 좀더 세련된 수준이라면 사르카즘은 섞이지 않는다. 다음은 거친 위트와 사르카즘이 결합된 사례이다.

C는 자랑을 늘어놓는 X의 말씨가 못마땅했다. C의 말을 들어보니 이런 감정이었다고 한다.

"따끔하게 한마디 해주고 싶었지만 딱히 떠오르질 않더라고요. 그가 말을 이어가던 중 마침 '난 실험과 관련된 책은 절대 읽지 않는단 말이야. 선입견이 생기면 안 되거든.' 그 순간 입에 착 달라붙는 한방이 떠오르면서 조여 맸던 감정의 고삐가 확 풀리기 시작하더군요. 저는 '그래, 넌 원래 아무것도 안 읽잖아. 그러다 지능에 문제가 생기면 안 되니까'라며 너스레를 떨었죠. 너무 심했나 싶어 괜스레 좀 찝찝하긴 했습니다만 다행히 X가 대수롭지 않게 넘긴 걸 보고 안심했죠. 저도 더는 화가 나지 않았고요."

위장언어로 대신하다

위트보다는 조악하지만 흔히 선택하는 감정 표현 수단을 일컫는다. 이를테면, 사람들은 서운한 감정을 노골적으로 배출하지 않고 속내를 살짝 감추거나 돌려서 깎아내리는 방법을 자주 쓴다. 즉, 누군가는 감정을 드러내지 않고 제3자를 빙자한 저격이 가능하다는 이야기다. 다음 사례가 이를 잘 보여준다.

1 돌려까기

F는 한 상인에게 화가 났다. 물건값을 치르러 가보니 사전에 약속했던 액수보다 높은 가격이 기재되어 있었기 때문이다. 기분이 상한 그는 이렇게 토로했다.

"계산서가 거짓말을 하진 않겠죠. 직원이 더 싸다고는 했는데 뭐, 이 동네 사람들은 자기가 무슨 말을 하는지도 모르는 모양이네요."

원래는 "'당신, 어디서 개수작이야!'라며 호통을 치고 싶었죠." 하지만 돌직구를 피하기 위해 '당신'이라는 명확한 지칭 대신 '사람들'이나 '누군가' 같은 막연한 대명사를 쓴 것이다. 그러면 말씨의 날은 좀 무더지겠지만 공격적인 의도는 사라지지 않는다. 이는 쉽게 배설할 수 있는 감정 표현으로 간주되며 당사자에게 큰 쾌감을 주진 못한다. 아울러 충동을 억제하는 과정도 아주 짧다.

2 모르는 척 찌르기

갈등을 일으킨 장본인을 모르는 척하며 마치 제3자가 화근인 양 저격하면서도 실은 당사자에게 감정을 쏟아내기도 하는데 이는 위장언어를 극단적으로 쓰는 경우를 두고 하는 말이다.

I의 이야기를 들어보자.

"분노가 치밀었지만, 그녀가 바람피운 걸 알면서도 모르는 척하며 마치 딴 사람 이야기하듯 말했죠. 내가 사실을 안다는 건 절대 눈치채지 않길 바랐습니다. 불륜을 저지른 사람에 대한 악평을 쏟아놓으며 '저렴해 보인다'고 말했더니 살짝 당황해하더라고요. 통쾌했죠."

3 뒷담화

어떤 이는 가십을 퍼뜨리거나 앙숙을 헐뜯는데, 누군가가 공감만 해줘도 조금이나마 쾌감을 느끼기도 한다.

"넋두리나 할까 싶어 X를 찾아갔습니다. X도 욕을 해줄 줄 알고 내심 기대했는데 그러지 않아서 살짝 실망했죠."

사람들은 너무 노골적인 저격이나 돌직구를 피하고자 힌트나 암시 같은 간접적인 수단을 자주 쓰곤 한다.

상상제고

귀인attributive 유형 중 매우 중요한 것 중 하나는 이상적 반응이다. 이때 상상력과 관념적인 사고의 과정이 활발하게 작용한다. 연구에 따르면, 자기감정lowered self-feeling은 대개 진심으로 존경하는 사람으로부터 몇 번이고 모욕을 당하면 낮아진다. 그렇다고 무안을 준 당사자를 타락하고 추잡한 인간으로 그리지는 않는다. 본연의 모습이 뇌리에 그대로 남는 대신 공상이나 백일몽을 통해서라도 그보다 더 우월한 존재가 되어 '정신승리'를 하게 된다는 것이다. 굴욕을 당하는 순간, 그는 언젠가는 그를 능가하겠다는 계획을 세우기도 한다. 때로는 이미 그보다 우월한 사람이라는 '근거 없는' 자신감(근자감)을 보이는가 하면, 성공한 가상현실을 그리고는 먼 훗날 자신은 명성을 얻고 모욕을 준 위인은 '그를 알고 지낸 적이 있었다'는 회상만으로도 뿌듯해하는 표정을 상상할지도 모르겠다. 굴욕을 준 사람이 "우리가 남이가"라며 청탁을 한다거나 조언을 구하면 정중히 거절하는 모습을 상상할 것이다. 그리고 나면 좀더 넉넉히 호의를 베풀며 너그럽게 대할 성싶기도 하다.

관찰에 따르면, 이 같은 상상적 사고 과정은 대상에게 쾌감을 준 것으로 나타났으며 이후 행동에 중요한 영향을 주는 '자신감self-confidence'도 한층 끌어올릴 것이다. 본디 이상적 반응은 직설적인 공격으로 감정을 충분히 해소하지 못했을 때 의식 속에 나타난다. 몇 가지 사례는 다음과 같다.

A는 전날 모욕을 당한 사건을 떠올리자 심기가 불편해졌다. 처음에는 핏대를 세우며 X에게 돌직구를 날리듯 쏘아붙이는 자신을 떠올렸다.

"잘난 척 오지게 하네. 너처럼 피곤한 스타일은 처음이다. 그렇게 예민해서 얻다 쓰겠니? 내가 뭘 해도 너보다는 낫겠다."

그러고는 "한편으로는 훨씬 여유있고 정중하게 대하는 자신을 상상"했다고 한다. 당시 A는 한 분야에 집중해 권위자가 되고 난 후 X와 인연을 끊을 계획을 세웠다. 한창 성공가도를 달릴 무렵, X가 찾아와 도움을 청해 보지만 A는 무심한 태도로 그를 외면하는 자신을 그려보았다. 모든 것이 한낱 꿈에 불과했지만 상상만으로도 유쾌했다고 한다. 물론 앞선 분노는 매우 불쾌했지만 말이다.

C는 자신이 환경문제의 일환으로 정부의 탄소세 정책을 살펴보려 하자 "기업의 부담이 크고 정작 온실가스 감축에는 별 효과가 없다"며 비판적인 태도를 취한 X에게 화가 났다고 보고했다. 처음에는 자존심이 살짝 구겨졌지만 생각하면 할수록 분이 풀리질 않았다. 그는 X의 면전에서 신랄하게 반격하는 자신을 상상했다. 그렇게 으르렁대면 X가 무안해질 거라고 믿었기 때문이다. 하지만 그는 이내 입장을 달리했다.

"그냥 관심 끄고 사는 게 낫겠다. 너와 얽혀서 좋을 게 뭐가 있겠니."

어떻게든 X에게 벌을 주었다는 생각에 조금이나마 쾌감을 느꼈다고 한다. 세 번째이자 마지막으로 C는 이렇게 술회했다.

"업무 능력을 인정받아서 X가 나중에라도 저가 한 말을 후회하게 만들 시나리오를 짜봤죠. 그러자 상상 속에서 X는 후회막급한 표정으로 나를 극찬하고 있더라고요."

앞서 밝혔듯이 감정의 초기 단계에서는 불쾌했지만, 막판에는 X가 자신을 칭찬하는 모습을 떠올리니 아주 통쾌했다는 것이다.

E는 자신을 무시한 X에게 모욕을 느껴 이렇게 다짐했다.

"앞으로 10년 동안 보여주겠어! 젊은 만큼 일도 잘할 수 있으니, 그놈도 내 진면목을 알게 될 거야!"

그러고는 자신을 미래에 대해 숱한 계획을 세우기 시작했다.

어떤 피관찰자는 분노가 치밀어오르면 거부가 된 자신을 상상하곤 했다. 꼴 보기 싫은 사람을 뺀 모든 이에게 호의를 베푸는 모습을 떠올린다는 것이다. 앙숙에게는 무시하거나 영향력을 행사해 불이익을 주기도 한다. 생각만 해도 기분은 째지겠지만 정신이 돌아오는 순간 쾌감은 급작스레 줄어들 것이다.

태도반응-Attitudinal Reactions

천성이 공격적인 사람의 태도적 반응은 분노를 의식하는 데 중요한 비중을 차지한다. 격앙된 감정이 점차 누그러질 때 나타나는 마지막 심리 반응 중 자주 등장하는 개념은 '결의적 태도resolutional attitude'이다. 결의적 태도란 당장 어떤 행동을 취하기보다는 시기가 무르익었을 때 막대한 영향력을 행사할 수 있도록 앞으로 어떤 일을 하겠다는 다짐을 의미한다.

결의적 태도는 즉각적인 충동을 억제해야 할 때 쓸 수 있는 편리한 대체 수단이다. 이때 피관찰자는 지금 실행할 수는 없지만 앞으로 추진할 방침을 확고히 세우게 된다. 이러한 의식적인 태도는 대개 쾌감을 동반한다.

누군가가 말로 상처를 주었을 때 그 순간 "다시는 안 봐야지" 결정해 버리듯, 감정이 발생하는 초기 단계에서는 속히 마음을 굳히거나 결론을 내리는 것은 흔한 일이다. 반면, 정황에 걸맞은 태도가 미리 내면화되어 있지 않다면 결의적 태도는 마지막 수단 중 하나로 부각될 가능성이 크다. 이를테면, 일촉즉발의 상황에서 침착하게 대응하는 태도가 일찌감치 몸에 배어 있지 않다면 처음에는 우왕좌왕하다가 별 소용이 없을 때 애써 침착해지려 하는 경우를 두고 하는 말이다.

분노에는 '당장 뭔가 해야겠다'는 강한 충동, 즉 '현재성 nowness'이라는 특징이 있다. 앞으로 어떻게 처신할지 정하는 건 대개 나중에 나타나는 태도이다. 즉각적인 반응을 보이고 나서야 그런 결정을 하게 된다는 이야기인데 처음에 감정을 억누르는 것도 결국에는 확실한 결론을 내리기 위한 준비 과정이라 봄직하다.

첫 반응은 때때로 시행착오 trial and error 역할을 하기도 한다. 사람은 머릿속으로 공격적인 반응(무시하기, 따지기, 보복하기 등)을 생각하고 그중에서 가장 적절하다고 판단되는 대응을 하나 선택한다. 이렇게 내린 결론은 잠정적인 것일 수도 있다. 분노의 감정이 다시 올라오면 결론은 쉽게 바뀔 수도 있지만 그 순간만큼은 결정을 내렸다는 사실 자체가 일시적인 만족감을 주는 것이다.

C의 사례를 보자. C는 X의 행동을 전해 듣자마자 열이 올랐다. (1단계) 그는 X가 과거에 저질렀던 비슷한 사례를 떠올리기 시작했다. (2단계) 그러고는 이를 전해준 사람에게 일시적으로 화를 돌리기도 했으며 (3단계) 상상으로나마 X와의 모든 비즈니스 관계를 끊어버렸다. (4단계) 끝으로 그는 이렇게 밝혔다.

"시비를 걸 태세로 돌변했다가 나중에는 정정당당하게 맞서기로 했다. 그를 설득하기 위해 어떤 행동을 하고 무슨 말을 해야 할지 곰곰이 생각해 보았다."

사람들은 당장 손을 써야겠다는 충동을 느낀다손 치더라도 '좀더 지켜보자'라든가 '기회를 보자' 혹은 '신중하자'는 태도로 감정을 추스르곤 한다. 예컨대, 피관찰자 E는 이렇게 술회했다.

"결국, 나는 상처를 준 사람에게 반격할 기회를 기다리기보다는 앞으로 있을지 모를 공격에 대비하는 편이 나을 거라 생각했다. 그러고 나니 조금이나마 기분이 풀렸다. 하지만 당장 실천하지는 못했다. 대신 '같은 사태가 반복되면 어떻게 맞짱을 떠야 할지' 구상해 보았다."

A는 X와 Y에게 역정을 내며 반감을 드러냈다. '니들 이제 그만 하는 게 좋을거야. 내가 계속 주시하고 있거든. 또 그러면 가만두지 않겠어! 물론 확실한 증거가 나올 때까지는 신중해야겠지만.' 그러자 분노는 사그라지기 시작했다.

반대반응 The Contrary Reaction

분노에 대한 두 번째 반응 유형으로는 이른바 '반대반응 contrary reaction'을 꼽는다. 피관찰자는 급작스레 감정이 이끄는 방향과 정반대로 행동한다. 즉, 그때 진짜 하고 싶었던 것과는 아주 달리 행동한다는 것이다.

종교와 도덕은 이런 행동을 극단적인 형태로 이상화해왔다. 이를테면, "왼뺨을 맞으면 오른뺨도 돌려대라" "원수를 사랑하라" "너를 미워하는 자에게 선을 베풀라" 같은 가르침이 여러 종교에서 공통으로 나타난다.

앞서 설명한 유형과 비교해보면 연구 참가자를 관찰해보니 분노한 상태에서 나타나는 정신적 반응 중 반대반응으로 분류되는 경우는 상당히 적었다. 71퍼센트에 비해 고작 18퍼센트에 불과했다.

반대반응은 앞서 말한 반응처럼 다양한 모습을 보이지는 않는다. 실제로는 몇 가지 정해진 패턴에 그친다. 피관찰자는 돌연 감정이 분노와는 정반대인 상태로 바뀌었다. 이런 감정선의 변화에는 상당한 의지가 필요한데 처음에는 억지로 하는 것 같아 자연스럽지가 않았다. 물론 분노가 절정에 이르렀을 때 그러지는 않는다. 분노가 어느 정도 식은 다음에야 반대반응이 나타나므로 대개는 분노가 사그라질 무렵에 가서야 볼 수 있을 것이다. 막 열이 오르고 있는 와중에 이런 반응이 나타난다면 꼭지가 완전히 돌아버리는 것을 미리 차단하게 된다.

피관찰자 G는 슬슬 열이 오를 때 상대방의 입장을 대신 변호하면서 사람에 대한 분노가 확대되는 것을 미리 차단하는 습관을 기른 듯하다. 사람보다는 사물이나 사태를 두고 분노가 가장 강하게 나타났는데 이에 대해 그는 어릴 때 받은 교육 때문이라고 본다.

E는 분노 유발자에 대해 용서하는 태도를 어느 정도 습관

적으로 취하게 되었고, C와 A는 어떻게 처신해야 할지 모르거나 적당한 표현 방법을 찾을 수 없을 때 돌연 반대반응으로 돌아섰다. 이는 가까운 지인이나 어쩔 수 없이 마주쳐야 하는 사람들에게 쓰는 습관적인 방법이 되었다. C나 A는 분노가 어느 정도 진행된다 싶으면 갑작스레 아무 일도 없었던 양 친근한 태도를 보이기도 했다.

화가 났을 때 예상과는 정반대의 반응을 보이는 심리 현상은 다양한 상황에서 나타난다. 이는 예의나 격식을 지켜야 하는 자리에서 감정이 점점 격해지다가 신속한 감정 통제가 필요해질 때 자주 사용된다. 즉, 갑작스러운 위기를 맞이했을 때 이를 모면하기 위해 어쩔 수 없이 취하게 되는 태도이다. 실제로는 핏대를 세우고 싶지만 겉으로는 과도하게 친절하거나 정중한 행동을 보이게 된다는 것이다. 상대에게 과도하게 배려하는 모습까지 드러내는 경우도 더러 있다.

B는 집주인을 만났을 때 이런 경험을 했다. 밤 10시 이후에는 타자기 사용을 금하고 귀가가 늦을 경우에는 슬리퍼를 착용해 달라는 요청을 받았다. 이때 B는 심기가 불편해졌다. 계약 당시만 해도 타자기를 자유롭게 사용할 수 있다고 했던 약속이 떠올라 슬슬 화가 나기 시작한 것이다. 그럼에도 그는 돌연 그녀를 변호하는 입장이 되었다.

집주인이 피곤해하는 걸 보니 자신이 잠을 깨웠을 수도 있다고 생각한 것이다. 그래서 아주 기분 좋은 어투로 "괜찮습니다. 말씀해 주셔서 오히려 감사합니다. 진작 말씀해 주셨으면 좋았을 뻔했네요"라고 말했다. 물론 친절한 태도는 가식이었고 살짝 오른 분노는 아직 가시지 않았다. 5분쯤 지났을까, 집주인의 말이 다시 떠오르며 분노가 치밀어오르기 시작했지만 피곤한 모습을 다시금 상상하며 그녀의 편에 섰다.

A도 비슷한 경험을 했다. X의 망언에 굴욕감과 분노를 느꼈을 때 신랄하게 받아치고 싶었다. 독설과 욕설이 머릿속에 난무했지만 하나하나 억눌렀다. 매우 혼란스럽고 불쾌한 감정이 앞섰음에도 돌연 X에게 동조하는 태도를 보였다.

아주 정중한 말투로 "옳은 말씀입니다. 지금에라도 그렇게 말씀해 주셔서 오히려 고맙네요"라고 했다. 물론 실제로는 전혀 공감하지 못했고 고맙지도 않았다. 자리를 떠난 후에도 감정이 계속 남아있던 터라 X의 '막말'에 대해서는 어떤 '실드'도 불가했기에 욕설을 퍼부었다.

순간적으로 정반대의 반응을 보이는 것이 감정을 통제하는 수단이 된다면 대체로 불쾌감을 느끼게 마련이다. 감정은 다시 떠오르며 이후에도 불편한 감정이 남아있는 경우가 많다. 그러나 외부의 강요 없이 자발적으로 그런 반응을 취했다면, 즉 감정을 절제하는 과정에서 저 나름의 만족을 위해 그렇게 반응했다면 쾌감이 수반되는 경우가 적지 않다.

A는 때때로 상대에게 품위 있는 태도로 되레 친절하게 대하는 걸 즐기기도 했다.

"*내가 항상 승자이고 상황을 주도하고 있다는 기분이 들어 좋습니다.*"

감정을 있는 그대로 표출할 수 있을 상황이라면 굳이 정반대의 반응을 보일 필요가 없다. 반대반응은 대개 심리적으로 막다른 코너에 몰렸을 때 그 순간을 넘기기 위한 임시방편으로 활용된다.

J는 속내를 드러내는 것이 예의에 어긋나는 자리를 회상하며 이렇게 말했다. "X의 말에 어처구니가 없을 때마다 떠오르는 충동을 억누르거나 거부했습니다. 오히려 그의 말에 선의의 미소로 대응하다 보니 억지가 아니라 진심 어린 웃음이 나오더라고요."

C는 슬슬 열이 오를라치면 아주 평범한 말에도 돌연 웃음을 터뜨리곤 했다. 반면, B는 살짝 꼭지가 돌기 시작할 때부터

관찰자의 시선으로 자신을 보며 한바탕 웃곤 했다.

"두 시간 전쯤이었을 거예요. X의 무례한 행동이 떠올랐습니다. 속이 부글부글 끓어 올라 '미친 X 같으니라구!' 냅다 질러댔죠. 그러고 나니 팔과 얼굴 근육에 긴장이 느껴지더라고요. 이를 의식하자마자 함박웃음을 짓고 보니 어느샌가 기분이 좋아졌습니다."

분노의 수위가 점차 높아지는 중, 여유 있게 자신의 감정을 살펴보면 조금이나마 기분이 풀린다. 하지만 분노를 자극한 상황 자체에 주의를 기울이면 감정은 다시 격앙될 것이다.

"감정을 되짚어보기 위해 하던 일을 잠시 멈추고 나니 내 꼴이 하도 우스꽝스러워 웃지 않을 수가 없었습니다."

돌연 상대방의 마음을 헤아리려 하거나 그의 입장에서 들먹일법한 오만가지 변명을 찾으려는 사례도 있다. 외부의 압박이 아니라 이를 스스로 선택했다면 되레 쾌감을 느낄 것이다.

한편, 반대반응이 '불순한' 의도로 쓰이는 경우도 더러 있다. 이때 그는 자신도 알다시피, 상대를 민망하게 만들어 모욕감이나 망신을 주려는 것이 목적이다. 흥미롭게도 겉으로는 지나치게 친절한 태도를 취하면서도 속으로는 '어디 맛 좀 보라'는 식의 의도를 품으며 억눌린 감정을 우회적으로 분출하는 순간 일종의 자기만족(마치 복수를 한 것 같은 시원함)을 느끼게 된다는 보고가 일반적이다.

복수를 통한 쾌감과 비슷하지만 '돌직구' 대신 과도한 친절이라는 우회적 전략을 통해 상대방을 심리적으로 압박하는 것이다. 충분히 예상된 대립이나 갈등 상황에서 예기치 못한 친절로 받아치면 상대는 되레 더 크게 당황하고 불편함을 느끼게 마련이다. 의도가 먹히는 순간이 바로 이때다.

D의 말을 들어보자.

"'쪽팔림'과 부끄러움 좀 느껴보라는 취지에서 제가 친절을 베풀었다는 건 일찌감치 의식하고 있었습니다. 하지만 부끄러워하는 기색이 전혀 없더라고요. 그래도 정중히 대했고 그런 제가 대견하다는 생각이 들었습니다. 상대방의 반응이 내 기대에는 미치지 못하더라도 후회는 없었습니다."

반대반응의 일환으로 농담이나 우스갯소리가 동원되기도 한다. 하지만 의도는 귀인반응에서 나타나는 농담과는 차원이 다르다. 반대반응에서의 농담에는 적대적인 감정이 개입되지 않기 때문이다. 목적은 오히려 친근함을 표시하는 데 있다. 이때 농담은 분노를 촉발한 상황과는 정반대의 분위기를 의도적으로 조성하고 주의를 다른 곳으로 돌리기 위한 수단이 된다.

마치 긴장된 근육을 갑자기 이완시키듯, 농담은 격앙된 감정의 날을 무디게 하고 분위기 전체의 톤을 바꾸어 준다. 결국 반대반응은 감정의 대립을 피하고 분위기를 전환시키려는 심리적 전략인 셈이다.

무관심반응-The Indifferent Reaction

세 번째는 무관심반응이다. 무관심반응은 방패를 드는 것과 같다. 분노를 촉발한 사태나 사람에 대해 일시적으로나마 무관심한 태도를 취하는 것을 두고 하는 말이다. 피관찰자를 조사해 보니 모든 반응 중 약 11퍼센트가 이 유형에 해당한다.

무관심반응은 주로 다른 도리가 없을 때 최후의 수단으로 표출된다. "이럴 바에야 차라리 신경 끄자"며 마음의 문을 닫아버리는 것과 같다.

이제 막 열이 오르는 단계에서 무관심반응이 나타난다면 감정에 아무런 자극이 없어 중단되기도 한다. 불씨가 번지기 전에 재를 뿌려 꺼버리는 셈이다. 무관심반응은 실제로 쾌감을 동반한다는 보고는 없지만 순간적으로 조금이나마 안도감을 주기도 한다.

"이제 됐다, 더는 상처받지 않겠지."

안전한 피난처 같은 역할이랄까.

예컨대, B는 편지로 실망스러운 소식을 접했다. 그는 이렇게 말한다.

"처음엔 화가 나더라고요. 하지만 아무렇지도 않은 듯 편지를 타자에 툭 던져버렸죠. '뭘 한들 소용없겠지' 싶은 마음이 들었거든요. 솔직히 그 소식을 정말 간절히 기다리고 있었거든요. 어깨를 으쓱, 몸을 획 돌리며 '됐어, 이제는 상관없어' 하며 넘겨버렸죠."

B는 이후에도 같은 상황을 여러 번 떠올렸지만 분노가 더는 솟구치지 않았다고 보고했다.

다음은 B가 X와 Y의 무례한 언동을 떠올리며 흥분했을 때를 술회한 것이다.

"무심코 '아, 저런 놈들은 그냥 저렇게 살다 죽게 내버려 두자'라며 곧장 다른 일에 매진하기로 했습니다. 더는 신경 쓰지 않는다고 하니 정말 그런 것 같았고 실제로도 무시가 되더라고요."

B는 분노가 싹을 틔우려 할 때 의도적으로 무관심한 태도를 취하곤 했다.

체념과 포기로 감정 차단

A는 돌직구로 단단히 복수할 생각만 하고 있다가 돌연 태도를 바꾸었다.

"이래 봐야 무슨 소용이 있겠나. 뇌에 X만 찬 놈이잖아. 그냥 신경 끄자. 알아서 살게 내버려 두지 뭐."

자기격려로 무관심 강화

C는 화가 날 때마다 혼잣말로 무관심한 태도를 강화했다.

"이런 일로 마음 써서야 되겠나. 쿨하게 넘기지 뭐."

사람들은 가끔 상황을 체념하듯 받아들이고 아예 마음을 비워버린다.

분노 심리학

Chapter 3
분노는 어떻게 사라지는가?

분노는 물처럼 흘러가는 감정이다. 때로는 다른 감정이 밀려오면서 순식간에 증발하기도 하고, 때로는 천천히 스며들듯 사라지기도 한다. 분노가 지속되는 동안 그 강도는 파도처럼 오르내린다. 우리가 무엇에 집중하고 무엇을 생각하고 심신이 어떤 상태인지에 따라 그 파도의 높낮이가 결정된다. 분노를 불러일으킨 그 상황을 다시 떠올리는 순간 감정은 다시 타오른다. 특히 상황이 조금도 변하지 않았다면 더욱 그럴 것이다. 마치 식어가던 불에 다시 기름을 붓는 격이랄까.

정신이든 신체든, 지금 이 순간의 감정을 바꾸려는 시도는 모두 분노에 영향을 준다. 본디 감정이란 오래 머물지 않는다.

이미 자극을 받은 감정은 사람의 관심을 자꾸 분노하는 상황으로 몰아간다. 분노를 표출하거나 해소하기 위해 보이는 행동에는 크게 세 가지 목적이 있는데 이는 분노가 끓어오르는 정신 상황과 밀접하게 관련되어 있다.

1. 낮아진 자존감 회복

누군가에게 무시당하거나 모욕을 받으면 자존감이 훼손된다. 분노는 상처받은 자존감을 다시 세우려는 시도다.

2. 정신적 흐름을 막는 장애물 제거

자신이 하려는 일이나 생각의 흐름에 걸림돌이 있을 때 분노가 일어난다. 이때 분노는 방해 요소를 없애려는 충동이다.

3. 상처받은 정의감 회복

부당한 일을 당하거나 불공정한 상황에 처하면 '정의를 판단하는 감각sense of justice'이 손상된다. 분노는 이 같은 왜곡된 상황을 바로잡으려는 노력이다.

분노가 누그러지거나 완전히 사라지는 순간, 정서 지형은 근본적으로 재편된다. 일상적인 스트레스 누적으로 형성된 분노와, 자존감 손상에서 비롯된 분노는 서로 다른 인지적 경로를 통해 해소되게 마련이다.

분노가 가라앉는 과정에서 '쾌감pleasantness'은 단순한 부산물이 아니라 필수적인 요소이다. 쾌감은 분노가 해소되는 과정에서 거의 예외 없이 나타나며 양상 또한 매우 다양하다. 이를테면, 때로는 어깨에서 무거운 짐이 내려앉는 듯한 미묘한 안도감으로, 때로는 속이 뻥 뚫리는 듯한 생생한 쾌감active delight으로 발현된다.

한편, 분노를 억압하고 있을 때는 지속적인 불쾌감이 몸과 마음을 짓누르지만 고삐를 풀고 감정을 자연스럽게 표출하는 순간, 마치 댐이 터지듯 안도감과 쾌감은 동시에 밀려올 것이다.

분노가 증폭되는 과정에서 특히 두 단계는 극도로 불쾌하다. 첫 단계는 분노가 서서히 누적되는 시기다. 이때 사람은 전방위적인 불쾌감에 휩싸인다. "눈앞에 얼씬거리는 게 있으면 그것이 사람이든 사람이 아니든 상관없이 화를 내질러버리고 싶다", "분노를 터뜨리면 답답함이 해소될 것 같다"는 충동적 욕구가 끊임없이 머릿속을 맴돈다. 이를테면, 감정의 압력솥처럼 폭발 직전까지 내부 압력이 치솟아 있는 상태를 두고 하는 말이다.

두 번째 단계는 분노를 표출하는 과정에서 벌어지는 내적 갈등이다. 감정을 토해내는 동시에 이를 자제하려는 이중적인 노력 때문에 극심한 불쾌감을 겪는다는 것이다. 이는 민감한 반응이 초래할 파괴적 결과에 대한 예측이나 상황에 적절한 표출 방식을 선별하는 복잡한 인지 과정에서 비롯된다.

분노는 어떤 사람에게는 거의 온통 불쾌한 경험일 수 있고, 어떤 사람에게는 상당히 유쾌한 면도 있는 감정일 수 있다. 이 차이는 분노를 얼마나 잘 표현하느냐에 따라 달라질 것이다. 어떤 이는 감정을 적절하게 표현하는 능력, 즉 심리적 유연성이 더 뛰어나 분노를 해소하는 과정에서 상대적으로 더 많은 안도감이나 만족감을 느끼게 된다. 그러나 피곤한 상태에서는 감정을 잘 표현할 수 있는 능력이 줄어들기 때문에 더 쉽게 격앙되고 감정 조절이 어려워지는 경우가 더러 있다.

분노는 완전히 해소하지 못하면 쉽게 사그라지지 않는다. 이런 상황에서는 자신을 보호하기 위해서라도 일부러 다른 일에 집중하려는 노력이 필요할 수 있다. 제대로 해소되지 못한 분노는 반복적으로 되살아나려는 성향이 있다.

분노가 다시 머리를 들 때는 흥미로운 변화가 감지되기도 한다. 처음 겪었던 불쾌하고 고통스러운 감정이 누그러지거나 완전히 건너뛰면서 상대적으로 가벼운 쾌감이나 해방감만이 남는 사례가 종종 있다. 마치 분노의 날카로운 모서리가 시간과 함께 둥글게 다듬어지는 것과 같다.

분노는 목적이 달성되면 돌연 기분 좋게 사라진다. J는 짜증이 분노로 바뀌었다. 그가 자신의 감정을 기탄없이 표출하는 순간, "기분이 좋아졌고 분노는 사라졌으며 유쾌한 여운이 남았다"고 밝혔다.

A는 전철을 잘못 탔다. 특정 정거장에서 내려달라고 했지만 승무원은 이를 거절하며 무례하게 대했다.

"제가 아까 뭐라 그랬어요? 전철 안 서니 그냥 계속 타고 가셔야 합니다."

A는 전철을 내리지 못해서가 아니라 승무원의 무례한 태도 때문에 화가 났다. 이때 A가 언성을 높이며 멈춰달라고 항의하자 승무원은 그제야 꼬리를 내리며 전철을 세워주었다.

"전철에서 내릴 때 분명 기분은 좋더라고요. 왠지 모를 승리감에 도취되었달까요. 더는 화가 나지 않더라고요. 가슴이나 팔, 다리 근육에는 분노의 여운이 남아 있었지만 이제 감정은 완전히 뒤바뀌었습니다. 그때를 나중에 떠올려봐도 승무원에 대한 원망은 전혀 없었고요. 사실 그런 경험이 있어 오히려 다행이라고 생각했습니다."

타인의 불이익을 보며
느끼는 쾌감과 감정 해소

때로는 자신에게 피해를 준 사람의 불이익이나 굴욕을 지켜보며 쾌감을 느끼기도 한다. 예컨대, C는 실험 장비를 다루던 X에게 화가 났다고 한다.

"실험을 망치면 좋겠다는 마음으로 가만히 지켜봤는데요, 실험이 엉망이 돼 당황해하는 모습을 보니 기분이 좋아지더라고요. 화도 금세 풀렸습니다."

두눈으로 직접 보지 않더라도 상상으로 가해자가 굴욕을 당하거나 곤란해하는 모습을 떠올리는 것만으로도 쾌감을 느끼고 분노도 잠시나마 누그러진다. 상상 속에서 질타나 폭행을 가하면 대개는 승리감에 도취되게 마련이다.

D가 이를 잘 보여준다.

"녀석이 제 독설에 속절없이 당황해하는 모습을 그려보고 나니 기분이 좋아지더라고요. 덕분에 화가 풀렸습니다."

한편 가해자가 친절하고 협조적인 태도를 보이면 상대방은 안도감을 느껴 분노가 속히 사그라지곤 한다.

"그가 너무 사근사근 굴어서 마음이 놓였다. 왠지 고맙기도 했다. 이제 분노는 거의 사라졌다." F의 말이다.

C는 X의 도발에 화가 치밀었다. 5분 정도 지났을까, 왠일인지 X가 슬쩍 옆자리에 앉았다.

"X가 살갑게 굴어 마음이 놓이더라고요. 언제 그랬었냐는 듯 분노는 완전히 누그러졌고 이제는 되레 호감까지 느껴지더군요."

보고서는 가해자가 굴복하는 자세를 취하면 상대방은 안도감을 느껴 격앙된 감정이 대부분 사라진다고 밝혔다. 이와 관련하여 C는 "그가 고분고분해진 뒤로는 화가 좀 풀리더라고요. 오히려 내가 좀 심했나 싶기도 했고요"라고 말했다. C에 따르면, 분노를 촉발한 가해자가 당장 없더라도 그가 친근하게 말을 주고받는 모습을 상상만 해도 감정을 누그러뜨리는 데 도움이 된다고 한다.

부정적인 자기감정에서 비롯된 분노는 가해자에 대해 긍정적인 감정을 갖게 되면 사라진다. 이런 변화는 주관에 따라 달리 나타날 것이다.

첫째_상대방 깎아내리기

당사자는 가해자의 진면목을 폄훼한다. 험담을 즐기고 예전에는 무시했던 괴소문을 떠올리며, 상상이나 자기기만 등 여러 방법을 동원한다. 가해자의 단점을 과장하며 "신경 쓸 가치도 없는 사람"이라고 단정한다. 이런 심리적 행동은 대체로 자아존중감을 높이는 데 보탬이 된다.

둘째_비교의식으로 우월감 느끼기

자신의 긍정적인 자질과 몸값을 상대방과 비교해가며 자기감정을 직접 끌어올리는 경우도 있다. 이런 비교의식은 상대방에게는 거의 불리하게 작용한다.

X와 격론을 벌인 C는 쌍심지를 켠 채로 자리를 떠났다. 이후 그는 이렇게 술회했다.

> "X가 아주 하찮은 녀석이라는 사실을 떠올리기 시작했다. 그에 비하면 나는 얼마나 존귀한 위인인가! X는 하도 편협하고 고지식해서 큰 숲을 볼 수 없지만 나는 그렇지가 않다. 이렇게 마음을 고쳐먹자 가슴이 조금은 후련해졌고 분노의 강도도 누그러졌다. X와 다시 마주쳤을 때는 농담도 주고받았다. 분노는 아주 사그라졌다."

굴욕감과 우월감의 관계

굴욕으로 촉발된 분노는 우월감을 느끼는 순간 사라진다. 모욕적인 상황에서도 긍정적인 감정을 내심 끌고 간다면 분노는 생기지 않을 것이다. 또한 상대가 보잘것없거나 무책임한 인물로 보이면 대개 핏대를 세울 일이 없다. 물론 같은 사람이라도 짜증이 누적되는 과정에서 분노가 자극될 수는 있지만 말이다.

A는 '같잖기'가 짝이 없는 X에게 점점 열이 오르는 순간 생각을 고쳤다고 한다.

"아, 그냥 X잖아. 저런 인간은 화도 아깝지. 애당초 책임감이라고는 밥 말아 드신 인간 아닌가! 내가 저런 녀석 때문에 신경 쓴다? 이건 아니지! 처음엔 웃고 넘기려 했지만 이제는 그런 의지마저도 남아 있지가 않네."

마음 판에 그려본 승리감은 실제로 이를 쟁취하기 전에 이미 쾌감을 증폭시키고 분노를 줄여준다. 포기하지 않고 해낼 수 있다는 정신으로 무장하면 분노라는 감정은 사라지고 앞으로의 행동에 대한 확고한 결심으로 변모할 것이다. 예컨대, 어떤 이는 관념ideas이라는 매개를 통해 싸움을 개시하고 끝내지만 정작 실제로 벌어지는 다툼 앞에서는 의지가 없을지도 모른다.

분노가 가라앉는 세 번째 조건에서는 쾌감이 존재하지만 대개는 살짝 마음이 놓이는 '안도감'으로 표출된다. 적극적인 자기긍정은 의식 속에 아주 뚜렷하게 드러나지는 않는다. 당사자는 가해자의 관점에서 정황을 바라보며 그의 태도에 대한 변명을 찾는가 하면, 때로는 그를 평가절상하기도 한다. 분노를 일으킨 상황에 새로운 생각이 더해지면 감정의 성격이 통째로 바뀌면서 분노가 사라질 것이다.

피관찰자 I는 이렇게 밝혔다.

"결국 X가 선의로 그랬다는 사실을 인정하자 기분이 거의 풀리더라고요."

G는 X가 자신에게 말을 걸지 않아 서운했다고 말하고는 …

"눈이 사시라 아마 나를 못 봤을 거라는 생각이 문득 떠올랐다. '좋은 사람인데 나한테 일부러 그랬을 리는 없겠지.' 그러자 분노는 어느새 사라졌다."

B는 X와 Y가 자신의 공간을 침범했다는 생각에 혼잣말을 중얼거렸다.

"아니지, 나보다 권리가 더 있으면 있었지 아무리 없으려고. 이 공간은 한 사람이 독차지하기보다는 여럿이 대화를 나누는 공공장소니까. 그렇게 생각하고 나니 분노는 한층 누그러졌지만 아주 가시진 않았다."

상대를 변호할 만한 이유가 조금이라도 떠오른다면 분노는 일시적으로 꺾인다. 분노는 며칠간 지속되며 간간이 올라오기도 하지만, 상대의 잘못을 해명할 만한 타당한 이유가 갑자기 떠오른다면 분노를 일으키던 상황은 송두리째 달라질 것이다.

분노는 주의가 전환되면 여느 조건보다 더 자주 누그러지고 사라진다. 화가 치밀어오르는 와중에 자신의 감정을 들여다보면 분노의 농도는 흐릿해질 것이다. 즉, 분노를 자극하는 상황에서 자신의 감정에 집중하면 그 모습이 어찌나 우스꽝스럽게 느껴지는지 웃음이 나오기도 한다는 이야기다. 짜증이 나거나 굴욕적인 상황을 모면하고 대응하는 데 집중해도 분노는 점차 줄어들 것이다.

사실, 피해 자체에만 집중하면 분노는 작동하지 않는다. 그것이 모욕적이라거나 짜증이 난다거나 부당하다고 느끼는 순간 분노가 촉발되는 것이다. 어떤 이는 화가 나면 흥얼거리거나 노래를 부른다. 농담이나 우스갯소리 한마디도 의식의 긴장을 풀어 주의를 전환하는 데 도움이 된다.

사건 전반에 대해 무관심한 태도를 취한다면 감정을 일시적으로나마 억누를 수 있다. 분노가 생기는 심리는 본디 무관심과는 상극인지라 어떻게든 관심을 갖게 되는 것이 분노의 전제 조건 중 하나이므로 무관심이 작동하는 순간 분노는 차단될 것이다.

확고한 결심이나 판단은 안도감을 주는 효과가 있다. 연구에 따르면, 분노를 어떻게 가라앉힐 것이며 상대방에게는 어떻게 대응할지에 대한 결론이 분명하면 분노의 강도는 돌연 감소하는 것으로 나타났다. 비록 그 마음가짐이 일시적이거나 잠정적인 것일지라도 말이다. 이런 심리적 태도는 분노를 일으키는 즉각적인 정신상태와는 상반되기 때문이다. 분노는 감정이 반응하는 단계에서 어떻게 처신하고 대응해야 할지에 대한 마음가짐이 확실히 서지 않기 때문에 발생한다. 가장 효과적인 방안 중 하나는 감정이 폭발할 만한 위기가 찾아오기 전에 대응 방안을 미리 준비하는 것이다. 모욕을 느꼈을 때 이를 어떻게 대응해야 할지 애당초 준비가 되어 있다면 비록 대응책이 순전히 주관적이고 마음속에서의 태도일지라도 폭발할 지경까지 격앙되지는 않을 것이다.

분노가 사라지다

분노라는 감정이 사라지는 과정은 사람마다 크게 다르다는 점이 이번 연구를 통해 확인되었다. 일부 참가자들에게는 내면을 돌아보며 감정을 기록·보고하는 과정 자체가 오히려 분노를 다시 불러일으키는 원인이 되기도 했다. 한 참가자는 보고 과정에서 분노가 되살아나 자주 심기가 불편하다고 호소했으며 심지어는 3일 동안 보고하는 것을 거부하기도 했다. 그는 "상황을 떠올리기만 해도 분노가 다시 치밀어 오른다"고 토로했다.

반면 시간이 지나고 난 후 분노를 떠올릴 때 불쾌감을 느끼는 경우가 드물었다는 참가자도 더러 있었다. 분노는 오히려 쾌감을 동반한 형태로 기억되기도 했다. 어떤 이는 과거의 감정을 회상하며 일종의 짜릿한 희열을 느꼈고, 분노를 떠올리는 것 자체를 유쾌한 추억이라고 밝힌 사람도 있었다. 상상 속에서 정교한 '보복 시나리오'를 쓰며 통쾌함을 느끼는 사례도 있었다. 반면 혹자는 이미 지나간 일로 받아들여 무관심한 반응을 보이기도 했다. "지금 돌이켜보면 모든 일이 우습고 웃기기만 해요"라는 식의 반응이 자주 관찰된 것이다.

핏대를 세웠던 상황을 떠올릴 때 처음 느끼던 불쾌한 감정이 '단락'된(short-circuited, 갑자기 '뚝' 끊긴 상태-옮긴이) 상태로 나타난다면 회상은 오히려 즐거움을 주기도 한다. 이는 본래의 불쾌한 분노 단계를 건너뛰고 상대를 험담하고 비난하는 과정에서 느끼는 쾌감에 바로 집중할 수 있기 때문이다. 물론 사람은 창피했던 순간을 다시 떠올릴 수 있다. 하지만 그런 불쾌한 기억을 꺼내는 것은 사후에 느끼는 좋은 감정이 나쁜 감정을 충분히 상쇄시켜줄 때만 견딜 수 있으리라.

들는 사람이 내 편이 되어줄 거라는 확신이 있다면 본래의 불쾌함과 분노를 넘어 '돌직구'를 가감없이 날리기가 훨씬 쉬워질 것이다. 연구자 자신도 오랜 기간 참가자들의 사적인 감정에 깊이 관여하며 공감하는 청취자 역할을 했기 때문에 관찰 기간이 끝난 후에도 그들이 토로하는 사연과 속사정을 자주 듣곤 했다. 그들은 속내를 털어놓는 것만으로도 쾌감을 느꼈다.

"사실, 감정을 연구하는 과학에는 그다지 관심이 없었거든요. 그저 열불이 나게 된 속사정을 말하고 싶었던 것뿐입니다. 지금 돌이켜보면 과학적인 관심을 가장한 것은 전적인 공감을 얻어내기 위한 수단이었달까요."

어떤 이는 이렇게 말한다. "X에게 속사정을 토로했습니다. 그도 공감해줄 거라 믿었기 때문인데요, 물론 그러길 바라기도 했고요."

분노 심리학 **101**

같은 상황이 연신 떠오르더라도 대개 감정은 처음처럼 불쾌하게 나타나지는 않는다. 반복된 회상이 본래의 짙은 불쾌감을 점차 희석시키기 때문이다.

억눌린 분노가 미치는 영향

제대로 표현하지 못한 분노는 머릿속에서 계속 맴돌게 마련이다. 잠시 다른 일로 잊었다가도 사소한 계기로 다시 불쑥 머리를 들 것이다. 이런 억눌린 분노는 일에 집중하기 어려울 정도로 자꾸 생각나서 어떻게든 해결하지 않으면 안 된다.

F의 말을 들어보자.

"당최 일이 손에 잡히질 않았습니다. 일에 집중하려고 하면 돌연 사건이 떠오르고 저도 모르게 화가 나서 독설을 날리거나 보복할 궁리만 생각하게 되더군요. 아무리 벗어나려 해도 계속 돌고 돌더라고요. 그래서 어떻게든 분노의 감정을 없애기로 했습니다. 이를테면, 상대방의 장점을 하나씩 떠올리는가 하면 제게 잘해준 경험도 생각해 본 겁니다. 그러다 보니 좋은 감정까지 생기더라고요. 분노는 그렇게 하나둘씩 사라졌고 다시는 불거지지 않았습니다. 그러고 나니 훗날 같은 상황이 떠오르더라도 감정은 남아 있질 않았습니다."

의도적인 감정 조절은 흔치가 않다. 대개 감정에 대한 반응은 저절로 진행되기 때문이다. 감정이 오래 지속되면 사람들은 머릿속으로 여러 가지 대응을 시뮬레이션해보며 가장 효과적인 방안을 찾으려 한다. 억눌린 감정이 다시 고개를 들면 그때마다 이를 다르게 처리할 기회가 생기기도 한다.

분노가 제대로 가라앉는 두 가지 조건

상황의 의미가 완전히 바뀔 때

분노가 촉발된 상황을 다른 관점으로 보게 되면서 의미가 완전히 달라질 때 분노는 자연스럽게 사라진다. 사건이 더는 굴욕적이거나 짜증나는 일이 아니라고 인식하게 되면 분노할 이유 자체가 없어지기 때문이다.

상대방의 행동이 악한 의도가 아니라 선한 의도에서 비롯된 것임을 확신하게 되면 분노는 말끔히 사라질 것이다. 예컨대, C는 X 때문에 이틀 내내 화가 풀리지 않았다고 한다. 훗날 나를 직접 겨냥한 것이 아니었다는 사실을 알고부터는 분노가 아주 사라졌다.

자신이 상황을 긍정적으로 해석하려고 애쓰는 사례도 있다. 상대방이 정말 좋은 의도로 그랬기를 바라면서 말이다.

짜릿한 승리감을 만끽할 때

상대방의 기를 꺾거나 코를 납작하게 만들었다고 느끼거나 충분한 보복으로 그 결과에 만족할 때도 분노는 사그라진다. 이때는 실제 결과보다는 '느낌'이 더 중요하다. 직설이나 물리적인 폭행이 그럴듯한 만족감을 주는 경우는 거의 없다. 우스갯소리처럼 들리지만 실은 상대방을 깎아내리려는 농담이나 빈정거림, 조롱 혹은 겉으로는 친절한 척하면서 속으로는 적대감을 품는 것 등이 감정적으로는 같은 쾌감을 주므로 분노를 일소할 수 있으며, 심지어는 상상이나 허구 속의 승리감도 마찬가지일 것이다.

감정 조절의 실패 1순위는 주의를 다른 곳으로 돌려 생각을 회피하는 것이다. 억눌린 분노는 대개 시간이 지나면 더 강하게 되살아나기 때문이다. 무관심한 척하거나 지나치게 공손한 처신은 일시적인 감정 통제일 뿐, 단순히 억누르기만 해서는 분노를 근본적으로 해결할 수 없다.

Chapter 4

의식 속에 남는 감정의 여운

분노는 격앙된 감정 자체가 사라진 뒤에도 멘탈과 행동에 장기간 영향을 준다. 분노가 '종료'돼도 그 여파는 한동안 계속 나타날 수 있다는 것이다. 분노가 폭발한 후에는 연민이나 후회, 슬픔, 기쁨, 수치심, 죄책감, 사랑 혹은 두려움 등 다양한 감정이 뒤따라온다. 사람들은 이전의 분노와 직·간접적으로 관련된 감정이나 성향이 잔존해있다는 점을 분명히 느낀다.

분노가 가라앉은 후의 시기는 두 단계로 나누어 볼 수 있다. 첫째는 감정이 사라진 직후이고, 둘째는 시간이 어느 정도 지난 후다. 분노할 때 나타나는 반응과 분노가 수그러드는 양상은 그후의 마음 상태를 결정하는 중요한 요소가 된다. 연구팀은 분노의 여파로 마음에 어떤 여운이 남는지 알아보기 위해 피관찰자에게 이전 감정과 직·간접적으로 관련이 있다고 느끼는 모든 내용을 기록하게 했다.

분노는 종종 연민을 동반한다. 가벼운 분노는 그 상황을 벗어나 상대방의 입장이나 처지를 생각하게 되면 연민으로 바뀌기도 한다. 특히 상대방이 무안해하는 모습을 상상할 때 연민이 자주 나타나는데, 이를테면 아이들이나 부하직원, 의존성이 강한 사람, 혹은 절친에게 화를 냈을 때 더욱 그렇다.

자기연민도 분노와 함께 나타날 수 있다. 혹자는 부당한 모욕으로 화가 치밀다가도 묘하게 기분 좋은 자기연민을 자주 경험한다고 했다. 때로는 분노와 자기연민이 복잡하게 얽히고설키기도 한다. H의 말을 들어보자.

> "때로는 화가 났다가도 어떤 때는 내가 당한 상처를 곱씹으면서 나처럼 부당한 대우를 받은 사람을 동정하는 묘한 쾌감을 느끼곤 했죠."

C는 살짝 기분이 나빴다가 돌연 연민으로 급반전한 사례를 보여준다. 그는 매장 직원에게 무례한 대접을 받아 화가 났다.

> "매장을 나오면서 '내가 사장이었으면 저런 녀석은 그 자리에서 바

로 잘랐을 텐데'라고 생각했다가 순간 심술을 내려놓기로 했습니다. '아, 내가 좀 오버했네. 저 사람도 온종일 진상들 상대하느라 고생이 많을 텐데'라며 조금은 연민을 느꼈지요."

A는 아이에게 짜증이 날 때 이런 마음이었다.

"혼쭐을 내줘야겠다고 생각했다가 아이 얼굴을 보니 천진난만하고 순수해 보여서 나도 모르게 자제하게 되더라고요. '뭘 몰라서 그랬겠지. 쯧쯧쯧. 내가 뭐라고 이 아이를 혼내겠나.' 그러고 나니 아이가 되레 불쌍하게 느껴지면서 측은해지더군요."

분노의 자취를 따라 수치심이 드는 경우도 더러 있다. 수치심은 격앙된 감정이 가라앉는 단계에서 앞서 폭발했던 행동의 결과에 주의가 집중될 때 다소 갑작스레 느껴지곤 하는데, 분노를 잇는 수치심과 연민은 대부분 분노가 다시 고조되는 것을 막는 '면역원'이 된다.

사람이 무안을 느끼면 대개는 어떻게든 이를 만회하려는 노력의 일환으로 반작용이 따라오게 마련이다. 예컨대, 피관찰자 C는 이렇게 술회했다.

"내 처신(화를 냈다는 인상을 주었다는 것)이 상대방에게 어떻게 비쳤을지 깨닫게 되자 한없이 부끄러워졌다. 얼마 후 나는 잘못을 만회할 기회를 마련했다. 그가 흔쾌히 받아들이자 기분이 한결 가벼워

졌다. 이때 나는 화를 내지 않았다는 걸 보여주려 했고 이제야 그 뜻이 통했다는 생각이 들었다."

어느 피관찰자는 이렇게 밝혔다.

"내가 정색했다는 걸 눈치챘다는 생각에 낯이 뜨거워진 적이 있었는데요 그때는 정말 아닌 척 웃어넘기려고 안간힘을 썼답니다."

살짝 열이 오를 때 성급하게 감정을 드러내도 곤란한 상황이 벌어진다. 신중하게 행동해야 하는데 선을 넘으면 상대가 나를 덥석 공격할 수 있는 빌미를 주기 때문이다. 이럴 때도 민망하고 후회막급한 기분이 든다. 이를테면, 동료직원과 의견이 달라 살짝 기분이 상했는데 너무 조급하게 "헛소리 그만하지!"라며 감정을 드러냈다고 치자. 이때 "왜 그렇게 정색을 해? 조곤조곤 얘기해도 되잖아"라고 대꾸한다면 설령 내 생각이 옳았다손 치더라도 먼저 버럭 화를 낸 탓에 감정 조절이 미숙하다는 인상을 주게 된다는 것이다. 그럼 나는 상대방에 비해 본의 아니게 불리한 입장이 되고 만다. '아, 괜히 앞서갔네!'라는 후회와 짜증은 바로 이런 상황에서 느끼는 감정이다.

나의 '돌직구'나 행동을 상대가 너무 진지하게 받아들일까 노심초사하거나 걱정해도 분노가 사라지곤 한다. 예를 들면, 직장 상사가 불합리한 지시를 한 탓에 핏대를 세우며 "그건 말이 안 됩니다!"라고 따졌다고 하자. 이때 상사의 표정이 굳어지면서 "방금 뭐?"라며 되묻는 순간 덜컥 겁이 날 수 있다. '아, 이걸 반항으로 생각하면 어떡하지? 인사평가에 영향을 주면? 해고당하면?' 별의별 생각이 들면서 분노가 사라지고 대신 불안과 두려움이 밀려온다는 것이다. 분노의 원흉이 되레 두려운 존재로 완전히 바뀌어 보인다.

분노 이후에 찾아오는 네 번째 감정은 흡족한 쾌감이다. 분노가 가라앉고 쾌감이 그 자리를 차지한다는 것이다. 원래 분통이 터지게 했던 상황이 더는 분노를 끌어올리지 못하는데 이는 당사자가 묘한 우월감에 도취하여 피해가 회복되었다고 보기 때문이다. 분노의 진짜 목적은 결국 '승전의 환희'를 얻는 데 있다. 분노 안에는 기분이 좋아질 가능성도 동시에 잠재해 있다. 즉, 현실에서 승부를 볼 수 없다면 적어도 마음만이라도 우월감을 누린다는 이야기다. 앞서 살펴본 바와 같이, 상상과 가정과 포장 등은 감정이 격앙되고 난 후 쾌감을 맛보기 위한 수단이 된다. 분노에 동반되는 불쾌한 감정을 피하고 우월감을 얻는 것이 화를 내는 목적이기 때문이다.

어떤 이들은 화를 내고도 농담이나 우스갯소리로 너스레를 떠는 모습이 이따금 포착된다. 피관찰자가 뿌듯했던 순간을 떠올리며 이를 다시 만끽하다 보니 자신감과 자존감이 배가된 까닭일 것이다.

분노를 제대로 표출한 후 되레 상대방에게 친근감을 느끼게 되는 사람도 있다. "공격적인 행동이 간접적으로나마 사랑을 낳을 때도 있다"는 스피노자의 말이 맞다. 실제로 핏대를 세웠던 사람이 이렇게 말하는 사례가 종종 보인다.

"분노가 가라앉고 나니 상대가 오히려 더 친근하게 느껴지더라고."

심지어 평소보다 더 친절과 호의를 베풀고 싶어 하는 모습도 자주 보인다. 사람은 누군가에게 버럭 화를 쏟아내고 나면 그에 대한 호감이 증폭된다. 특히 상대가 잘못이나 패배를 인정하면 감정은 완전히 뒤바뀌겠지만 이를 깨닫지 못하는 비이성적인 사람에게는 분노 뒤에 증오가 따라올 것이다.

억눌린 분노의 잔향

분노가 제대로 표출되지 못하면 언제나 짜증이라는 불청객이 따라온다. 사회적 예의나 격식이라는 제약이 분노를 막아서면 격앙된 감정은 사라지지 않고 변형되게 마련이다. 짜증은 마음 깊숙이 똬리를 틀고 앉아 끊임없이 그 순간을 되살려낸다.

물론 같은 상황이라 할지라도 머릿속에서 이를 다시 그려볼 때는 양상이 살짝 달라진다. 현실에서 느꼈던 뜨거운 분노만큼 격렬하지는 않다는 이야기다. 시간이 지나고 차분해진 마음으로 돌아보면 우리는 자연스레 자신을 다독이는 방편을 찾아낸다. '그래도 내가 옳았지,' '저 인간이 잘못한 거야'라며 스스로 자존심을 세우거나 자신의 행동에 그럴듯한 이유를 붙여준다. 이런 심리적 방어막이 충분히 작동하면 짜증은 스르르 사라지기도 한다.

그러지 못할 때는 문제가 된다. 억눌린 분노 뒤에 남은 짜증은 마치 출구를 찾는 물처럼 다른 곳으로 흘러간다. 원래 화가 났던 대상 대신 엉뚱한 사람이나 상황에 화살을 돌리는 것이다. 이른바 '화풀이'라고 부르는 현상의 시작점을 두고 하는 말이다.

"뭔가 화낼 거리를 찾고 있었어요."
"누군가를 혼내주고 싶었죠."

몇 번은 들어본 적이 있을 것이다. 짜증에 사로잡힌 사람들이 흔히 쏟아내는 말이다. 이때 짜증은 단순한 잔재가 아니다. 새로운 분노의 씨앗이 되어 전혀 다른 상황에서 또 다른 분노를 불러일으킬 것이다.

첫 분노가 굴욕감에서 비롯되었다면 두 번째는 짜증이라는 토양에서 자라난다. 같은 감정이지만 뿌리는 다르다. 하나는 상처받은 자존심에서, 다른 하나는 해소되지 못한 감정의 찌꺼기에서 태어난다.

결국 분노와 짜증은 하나의 연결고리를 이룬다. 표현되지 못한 감정이 어떻게 우리 내면에서 변화하고 확산되는지를 보여주는 감정의 생태계인 셈이다.

분노를 표출하고 나면 사람은 격렬한 감정이 사라지면서 분노 이전의 것과 밀접한 감정을 느끼게 된다. 이런 감정은 종종 보상처럼 작용한다. 분노가 생기기 전에는 불쾌감, 모욕감 같은 감정을 느끼는데 이 감정을 이겨내기 위해 보상처럼 분노가 생기는 것이다. 즉, "내가 이런 기분을 느껴야 해?"라는 심리로 분노가 발생한다. 그러다가 분노가 지나가고 나면 반대 상황이 펼쳐질 것이다. 분노를 표출했다면 다시 이전의 감정으로 돌아가려는 보상 작용이 일어난다. 그 결과 안도감이나 쾌감, 혹은 수치심이나 두려움 같은 감정이 나타날 수 있는 것이다.

분노가 표출되는 순간(반응 단계)에는 이전의 짜증이나 모욕감을 덮기 위해 격앙된 반응을 보이는 경향이 있다. 이 반응은 당사자에게 쾌감을 주거나 불쾌감을 줄여주는 방식으로 나타날 수 있다. 그러나 반응이 제대로 해소되지 않으면 짜증 같은 감정이 길게 이어질 수 있고 분노를 너무 과하게 표출하면 두려움이나 수치심 혹은 연민 같은 감정이 따라오기도 한다. 이같은 감정은 사회적 관계나 규범과 관계가 깊다.

분노가 누그러지고 나면 사람은 다시 평온한 상태로 돌아가게 되는데 이때 느끼는 감정이 '안도감'이다. 물론 어떤 이는 화를 낸 것 자체에 만족감을 느끼기도 한다. 그만큼 감정이 강하게 해소되면 후련함이나 뿌듯함 혹은 통쾌함마저 경험하게 되는 것이다.

분노를 다 쏟아내고 나면 그 뒤에 느끼는 감정은 평소보다 훨씬 더 강렬하게 다가온다. 예컨대, 평소에는 별로 특별하지 않았던 행동이나 생각도 화를 낸 후에는 훨씬 더 만족스럽게 느껴질 수 있다. 이는 화를 쏟아내고 난 후에도 되레 기분이 좋아질 수 있다는 방증이다. 이럴 때 느끼는 쾌감은 처음 우리를 화나게 했던 상황보다 훨씬 더 크게 느껴지기도 한다.

결국 분노는 '전조 → 반응 → 여파'의 과정으로 진행되며 이 3단계는 서로 밀접하게 연결되어 있다. 감정은 서로 독립적으로 발생하는 게 아니라 연결된 흐름 속에서 나타나는 것이므로 감정을 연구할 때는 이런 관계들을 함께 살펴보는 것이 중요하다.

화를 낸 후 마음에
일어나는 다양한 변화

호기심이 생긴다

가볍게 화를 낸 후에는 종종 호기심이 생긴다. "저 사람이 왜 그랬을까?" "진짜 일부러 그런 걸까?" 같은 생각이 들면서 비슷한 상황이 생기면 어떻게 될지 궁금해한다.

선입견이 바뀐다

화를 내고 나면 상대방을 보는 시각이 달라질 수 있다. 어떤 때는 "그래도 나쁜 사람은 아니야"라며 더 긍정적으로 생각하기도 하고 반대로 "역시 별로야"라며 더 나쁘게 여기기도 한다. 애당초 그를 좋아했다면 더 좋아하거나 덜 좋아하게 될 수 있다.

자신감이 바뀐다

화를 잘 해소했다 싶으면 "나도 할 말은 하는구나"라며 자신감이 생긴다. 반면 화를 내고도 상황이 순조롭게 해결되지 않았다면 "역시 난 안 돼"라며 자신감이 떨어지기도 한다.

무관심해진다

때로는 "이제 그만, 더는 신경 안 쓸래"라며 아예 무관심한 태도를 보이기도 한다. "이젠 지쳤다, 뭐래도 상관없어"하는 마음이 드는 것이다.

자신이 우스꽝스럽게 느껴진다

가장 흥미로운 건 시간이 지나면 자신이 화낼 때의 모습이 우스꽝스럽게 느껴진다는 점이다. 마치 다른 사람의 행동을 보는 것처럼 "내가 왜 그랬지?"라며 웃게 된다. 화가 치밀어올랐을 때의 자신과 평소의 모습이 너무 달라서 그때의 행동이 마치 다른 사람이 한 것처럼 느껴지는 것이다. "내가 정말 그때 그랬나?"라며 신기해하거나 웃음이 나올 것이다.

화를 낸 후 심경의 변화

화를 내고 나면 사람들은 대개 더 신중해진다. 순간의 충동이 얼마나 위험할 수 있는지 몸소 체험했기 때문이다. 하지만 이런 신중함이 소극적인 것만은 아니다. 오히려 필요할 때는 적절히 대응할 준비가 된 상태, 즉 '조심스럽되 당당한' 태도를 갖게 된다.

분노를 통해 자신의 의지가 더 확고해지는 경우도 더러 있다. "내 말이 맞아, 끝까지 밀고 나가겠어"라는 식으로 말이다. 반대로 감정이 충분히 해소되었다면 "이제 끝. 더 이상 신경 쓰지 말자"는 태도로 상황을 마무리할 것이다. 경우야 어떻든, 앞으로 비슷한 상황에서 어떻게 처신할지에 대한 나름의 신념이나 확신을 갖게 된다.

가벼운 분노는 감정의 불씨는 될지언정 기분 전체를 뒤흔들지는 않는다. 물론 훗날 비슷한 일이 생겼을 때 더 빠르게 대응할 수 있도록 마음을 준비시켜둘 것이다. 이런 준비태세는 꼭 '싸울 준비'를 의미하지는 않는다. 오히려 "다음엔 이렇게 해야지"라는 현실적인 계획에 가깝다. 같은 실수를 반복하지 않으려는 예방적 태도인 셈이다.

감정과 이성 사이의 갈등

화가 났을 때 세웠던 계획이 감정이 가라앉은 후에는 어떻게 변하는가도 궁금해진다. 그 순간에는 아주 정당해 보였던 복수 계획이나 대응 방안이 차분해진 후에는 전혀 적절하지 않게 느껴지기도 한다.

예컨대, A는 동료 X에게 분노를 쏟아내며 따져 물어야겠다고 작정했다. 하지만 막상 그를 만날 기회가 생겼을 때는 이미 분노가 누그러진 상황이었다. A는 당시 심경을 이렇게 털어놓았다.

> "그때는 나 자신과 심하게 싸웠습니다. 생각해둔 말은 꼭 하고 싶었죠. 안 하면 내 자신에게 거짓말하는 것 같았거든요. 하지만 한편으로는 걱정이 되더라고요. X 때문이 아니라 내가 우스꽝스러워질까 봐서요. 그제야 깨달았습니다. 내가 100퍼센트 옳은 건 아니었고 그에게도 저 나름의 사정이 있다는 걸요. 그럼에도 속에 묻어두었던 심정을 토로하고 싶은 마음은 여전했습니다. 어떻게든

그걸 할 수만 있다면 좋겠다는 생각이 지금도 드는 걸요."

A는 당시 감정이 두려움으로 바뀌었지만 화가 났을 때의 충동은 십여 분이 지속되면서 그동안 심한 내적 갈등을 겪었다고 한다.

이처럼 감정이 수그러든 후에는 그때의 결심이나 충동이 떠오르기도 하지만 대개는 가볍게 넘기거나 조금은 관대한 시선으로 바라보게 된다고 한다. 감정의 열기가 식으면 이성이 다시 자리를 잡기 때문이다.

분노의 영향력은 분노가 사라진 직후의 시점을 훨씬 넘어서까지 지속되기도 한다. 즉각적인 효과가 사라지거나 완화된 후에 찾아오는 보다 먼 후유기後遺期는 우리의 멘탈에 중요한 여파를 남긴다. 분노를 통해 생긴 강력한 추진력은 우리의 의지력을 강화시켜주고 나쁜 습관을 끊고 좋은 습관을 만드는 데 보탬이 된다.

어떤 실수를 반복하면 짜증이 점점 더 쌓이게 마련인데 이로써 자신에게 화가 치밀어올랐다면 그후에 갖게 되는 신중하고도 단호한 마음가짐은 같은 실수를 다시 하지 않도록 막아줄 것이다.

일을 그르쳤을 때의 수치스럽고 창피한 모습을 상상하며 느끼는 가벼운 분노조차도 실제로는 실수를 방지하는 데 도움이 된다. 이때 감정은 의지력을 강화해 행동을 개선할 수 있을 만큼의 동기를 부여하고 장기적으로도 긍정적인 변화를 이끌어낸다. 실제로 오타나 말실수, 자꾸 깜빡하는 버릇, 혹은 업무상의 실수 같은 반복적인 습관이 분노를 계기로 고쳐졌다는 연구 결과가 있다.

완전히 해소되지 않은, 경미하고 지속적인 분노는 강한 추진력으로 이어질 수 있는데 이 태도가 업무로 전환되면 한층 역동적인 활력을 얻게 된다. 예컨대 C의 기록이 이를 잘 보여준다.

"더는 낙심하지 않기로 했다. 오히려 모든 걸 다 쏟아붓듯이 업무에 파고들기로 결심했다. 이런 감정이야말로 나에게는 가장 큰 자극이 되었다. 나는 분노가 솟구치면 전력을 다해 일하고 싶어지더라."

반면, 분노가 제대로 표출되었다가 해소된 경우에는 이에 대한 만족감과 함께 뿌듯함이 뒤따른다. 이는 앞으로의 행동에 더 큰 추진력을 불어넣어 줄 것이다.

격한 분노는 시간이 지난 후에도 흔적을 남긴다. 이때 감정 자체는 사라졌다 치더라도 잔여물이 뒤늦게 발현되는 경우가 더러 있다. 예전에 분노의 원인이 되었던 상황을 떠올리면 감정이 격앙되지 않고 무관심한 반응을 보일 수도 있으나 때로는 억울함이나 반감의 감정이 다시 피어오르기도 하고 어떤 경우에는 되레 웃음이 나기도 한다.

의식적으로든, 무의식적으로든 분노를 촉발한 상황을 떠올리면 처음에는 무덤덤하게 반응하더라도 '혐오'나 '증오' 같은 감정이 차차 나타나는 경우도 흔하다. 사건 자체는 거의 잊혔거나 아예 기억나지 않을 수도 있지만, 당시 느꼈던 분노는 세월이 지나도 감정의 흔적이 우리의 마음에 남아 있으므로 우리가 상황에 대응하는 방식(감정적인 습관이나 성격)에 영향을 줄 것이다. 공정한 판단력을 잃으면 분노가 가라앉은 후에도 계속 악한 감정이 남을 수 있다. 이를테면 남을 지나치게 비난하거나, 험담을 하거나, 무조건 의심부터 하는 태도 같은 것이 습관처럼 반복될 수 있다.

격앙된 분노가 단 한 번 폭발했다고 해서 적대적인 성향이 오래 남는 일은 비교적 드물다. 오히려 모욕과 억울한 감정이 누적된 상태에서 경미한 분노가 반복되면 상대방에 대한 적대적인 정서가 굳어지는 경우가 더 잦다. 일부 사례를 보면 상대의 어투나 웃는 표정, 걷는 태도 혹은 옷 입는 스타일 등 사소한 행동 하나하나가 반감이나 혐오감을 자극하는 원인이 되기도 한다. 즉, 어떤 행동이든 우연히라도 분노의 감정을 다시 불러일으킬 수 있다는 이야기다.

해소되지 않은 분노는 훗날 기분 좋은 감정과 불쾌한 감정을 모두 불러일으킬 수 있는 마음 상태를 남긴다고 본다. 혹자는 아직 아물지 않은 마음의 상처를 계속 건드리며 묘한 만족감을 느끼는 것 같다. 사소한 복수나 보복 행위가 문득 떠오르기도 하고 심지어는 미움조차도 어떤 쾌감을 주기도 한다.

이처럼 소소한 복수나 보복은 더는 '분노'라 할 수 없는 심리상태에서 나타나지만 자신은 내심 그것이 과거의 분노와 연결되어 있다는 점을 의식할 것이다. 예컨대, 어느 실험 참가자는 마트 주인에게 핏대를 세우고 난 후 근처에 있는 다른 매장에서 먹거리를 사기 시작했다. 화가 난 직후에는 다른 마트에서 몇 차례 물건을 샀는데 그때마다 그 주인이 손님을 잃었다는 사실이 통쾌했다고 말했다. 한번은 "필요하지도 않은 물건을 몇 개 사기도 했는데 복수하는 기분이 들어 되레 기분이 좋았다"고 밝히기도 했다.

분노가 가신 이후의 정서 상태는 꽤 강한 쾌감의 원천이 될 수 있다. 상대방의 코를 납작하게 만들었다거나 기를 꺾었던 일이 떠오르면 괜스레 입꼬리가 올라가고 짜릿한 희열을 느끼는데, 이때의 감정은 굳이 분노를 떠올리지 않고도 저절로 터져 나올 것이다.

 피관찰자 J는 X가 Y와 사이가 좋지 않다는 말을 듣자 웃음이 절로 나왔다. 이유를 묻자 J는 며칠 전 X에 대해 품었던 반감 때문이었다고 털어놓았다. 실제로 쾌감은 분노가 해소된 이후의 심리상태에서 갑작스레 터지는 경우가 많다. 이런 사례는 사람의 감정이 서로 얼마나 긴밀하게 연결되어 있는지 보여주는 또 다른 증거가 된다. 이처럼 분노라는 감정이 남긴 (잠재적 감정의) 잔재는 덜 격렬하지만 유쾌한 형태로 나타나곤 한다.

 분노가 막 가라앉은 직후와, 시간이 한참 흐른 뒤의 감정 사이에는 밀접한 관계가 있다. 화가 치밀어오른 직후 동정심이나 부끄러움이나 후회, 혹은 두려움 같은 감정이 따라온다면 나중에는 분노에서 비롯된 공격적인 성향은 거의 남아 있지 않게 된다. 다만 부정적인 영향은 남는다. 같은 상황과 마주치더라도 다시 화를 낼 가능성은 줄어들지만 불쾌한 기분과 함께 사그러진 분노는 오히려 시간이 지나면 되살아나기 쉽고, 결국 특정한 성격이나 마음가짐으로 굳어져 이후의 행동과 감정에 깊은 영향을 미칠 것이다.

분노가 사그라들 때 감정이 제대로 해소되지 않았다는 생각과 아울러 그 뒤로 찜찜한 기분이 지속된다면 당장은 아무런 감정이 없는 냉담한 상태가 되지만 훗날에 가서는 분노가 다시 고개를 들게 된다. 특히 화를 억눌러야 하는 자리라면 나중에 창피를 당하지 않기 위해 애써 마음을 다잡고 다른 곳에 신경을 쓰는 등, 분노와는 정반대로 행동하게 된다. 이때 분노 직후의 마음은 불편함과 긴장이 가득할 것이다. 이런 분노는 자꾸 되풀이해서 떠오른다는 특징이 있다. 나중에는 상상으로나마 다시 떠올랐을 때 시원하게 해소되지 않는다면 특정한 심리적 성향이나 사고방식으로 자리잡게 될 것이다.

앞서 누적된 짜증으로 분노가 돌연 폭발했다면 당장은 짜증이 남을 수 있지만 시간이 지나면 짜증은 거의 남아 있지 않다. 본인도 감정이 소진되었다는 걸 의식할 것이다. 물론 만족감과 함께 분노가 사라지는 경우에는 해당 상황에 대한 자신감과 성취감이 남게 마련이다. 이렇게 소진된 분노는 다시 떠오를 일이 거의 없고 설령 떠오르더라도 좋은 기억만 남을 것이다.

감정이 가라앉은 직후 쾌감과 성취감을 만끽하게 되면 분노를 일으킨 그 상황에 대해 긍정적인 자존감과 자신감이 생기므로 같은 상황에서 또다시 심기가 불쾌해지지 않는 '실질적인 면역력'이 강화될 것이다. 이는 분노의 부정적 결과가 아니라 부정적인 반복을 막는 긍정적인 결과로 봄직하다.

 분노가 사라진 후 기분이 반전되는 능력은 사람마다 크게 다르다. 예컨대 C는 분노가 시원하게 해소된 적이 거의 없다고 한다. 그래서 분노가 가신 뒤에도 이런저런 감정이 계속 남아 있다는 것이다. 반면 F와 E는 분노의 강도가 약하고 일찌감치 내심 마음을 다독이거나, 분노와는 상반되는 반응을 보이며 같은 상황에서도 다시 으르렁대는 일이 없다. 그래서 성향상 분노 이후에는 남는 감정이 거의 없다. 특히 E는 미워하는 마음이 오래가지 않는다고 했다.

 어떤 이는 격앙된 감정을 빨리 끝내는 습관을 터득한 것 같다. 이들은 감정의 골이 깊어지기 전에 화를 억누르는 불쾌한 시기를 건너뛰고 일찍부터 해방감relief이나 우스갯소리 혹은 무덤덤한 마음으로 상황을 넘긴다.

구분 classificaitions

분노는 특성을 강조하는 다양한 기준에 따라 다음과 같이 구분된다.

첫째, 기분 좋은 분노와 기분 나쁜 분노가 있다. 어떤 분노는 거의 시종일관 기분 좋게 느껴지기도 한다(의분이나 심리적 해방감이 동반된 분노). 또 어떤 분노는 번갈아 가며 기분이 좋았다가 나빠지기도 한다. 분노가 발생하는 과정에서 쾌감의 순간이 전혀 없는 경우는 드물고 대개는 감정이 완전히 소진되기 전 어느 순간에는 조금이나마 만족감이나 후련한 감정을 느끼게 된다. 화를 제대로 못 냈다면 '기분 나쁜 분노'가 될 터이나 이때도 화가 치밀어오르는 순간만큼은 뭔가 후련하거나 짧은 쾌감을 느끼기도 한다.

둘째, 격렬한 분노와 차분한 분노가 있다. 격렬한 분노는 감정이 격앙되는 동안 긴장감이 크고 몸의 반응도 두드러지며 감정의 강도도 세다. 이런 분노는 후련함과 불쾌감 사이를 오갈 수 있다. 반면 차분한 분노는 화가 나기 전후의 시간이 더 길고 머릿속으로 많은 생각이 떠오르는 동시에 몸의 반응은 상대적으로 적다.

셋째, 분노 자체가 목적인 경우와 뭔가를 하기 위한 수단인 경우. 분노 자체가 목적인 경우는 답답하고 불쾌한 마음을 풀어내는 것이 목적이다. 이런 분노는 뭔가 목표를 이루는 데 보탬이 되기보다는 되레 방해가 될 수 있다. 단 화를 냄으로써 마음의 답답함을 풀어내는 '정화' 역할은 할 수 있다. 이런 감정이 제대로 해소되면 정신 건강에 간접적으로 도움이 될 수도 있다. 반면 어떤 분노는 의지력을 끌어올리고 일에 몰두하게 만드는 원동력이 된다. 이런 경우는 분노 이후 특정한 성격이나 사고방식으로 굳어지기도 하는데 결국에는 병적인 방향으로 갈 수도 있고 일에 대한 에너지로 승화될 수도 있다.

넷째, 분노가 발생하는 원인에 따라 원시적인 분노와 사회화된 분노로 나눌 수 있다. 원하는 것을 갖지 못해 생기는 분노는 가장 원시적인 형태로, 어린아이나 동물에서 주로 나타난다. 반면 자존심이나 체면 같은 자아의 감정이나 정의 혹은 공정 같은 사회적 감정에서 나오는 분노는 더 발달한 형태의 분노로 봄직하다.

유형 types

분노에는 비교적 뚜렷한 세 가지 유형이 있다.

첫 번째는 짜증이 누적되며 폭발하는 분노다. 여러 자극으로 짜증이 점점 누적되다가 어느 순간 분노가 갑자기 폭발한다. 화가 분출하는 그 순간에는 어떤 '생각'이 감정을 표출하는 통로 역할을 한다. 그런데 흥미롭게도 이 생각은 실제로 화나게 만든 정황과는 전혀 상관없는 경우가 허다했다. 겉보기에 아무 관련 없는 생각이 억눌려 있던 불쾌한 감정의 껍질을 깨고 분노의 표적이 된 것이다.

이런 분노에는 방향이 없다. 진짜 화나게 만든 대상에 한정할 필요도 없거니와 때로는 어떤 사물에 화를 내기도 하고 몸이 아파서 생긴 짜증이 분노로 이어지기도 한다. 감정이 가장 격렬할 때는 주로 소리를 지르거나 큰 근육을 쓰곤 한다.

분노가 지나간 직후에는 후련함을 느끼거나, 여전히 짜증이 남아있거나, 혹은 미안한 감정이나 부끄러움, 후회 혹은 두려움 따위의 감정이 밀려온다. 이런 분노가 사그라지면 앞으로는 좌절하지 않겠다는 신중함과 의지력 같은 마음이 생기기도 한다. 물론 바탕이 같은 짜증에서도 또 다른 감정이 파생될 수 있다.

첫 번째 유형은 여운이 얕다. 쉽게 잊히고, 누그러진 후에도 미움이나 싫은 감정이 남지 않으며 복수하고 싶은 마음도 생기지 않는다.

분노의 두 번째 유형은 전혀 다른 심리적 배경에서 나타난다. 이는 자기감정self-feelings에서 기원하는데, 어떤 생각이 부정적인 자기감정을 불러일으키면 긍정적인 자기감정을 회복하려는 반응의 일환으로 분노가 촉발된다. 이때 분노는 앞서 설명한 유형보다 쾌감의 요소를 더 많이 포함하며 그 최종 목적은 긍정적인 자기감정 형태의 쾌감을 얻는 데 있다. 이 목표가 달성되면 감정은 사라진다.

주관적이든 객관적이든, 긍정적인 자기감정을 강화하려는 모든 발상은 이 유형의 분노를 줄이는 경향이 있다. 욕망의 좌절에서 비롯된 불이익과 불편은 자존심과 자존감이 받은 타격에 비하면 미미한 수준이다. 첫 번째 유형이 욕망의 좌절이 중심이라면 둘째 유형은 굴욕감이 핵심이다. 실제로 후자는 상처받은 자존감을 치유하려는 과정에서 심각한 불편을 감수하는 경우도 있다.

둘째 유형의 분노는 목표가 훨씬 명확하다. 분노가 절정에 이르기 전부터 이미 특정한 가해자를 지목하고 있는 탓에 다른 사람이나 대상으로는 조금이라도 만족할 수가 없다. 이러한 분노는 감정 자체가 사라진 후에도 유의미한 여운을 남긴다. 이는 감정을 드러내는 방식이나 성격, 혹은 기질이라는 형태로 계속 남아있는데 그중 일부는 병적인 가능성을 지니고 있는 반면, 일부는 단순한 유희나 일을 통해 긍정적으로 전환될 수 있다.

세 번째 유형은 정의와 공정에 대한 사회적 감정에서 나오는 분노를 가리킨다. 이는 처음에는 불쾌한 감정이 거의 없다가, 앞서 열거한 다른 유형과는 달리 감정이 서서히 누적되어 생기는 것이 아니라 갑작스레 폭발한다. 분노한 상태에 더 쉽게 도달하고 언제든 폭발할 준비가 돼 있는 듯 감정이 표면 가까이에 있다.

이 유형의 분노가 생기는 방식은 두 번째 유형에서 남은 감정적 성향이 갑자기 격발하는 분노와 비슷하다. 이 분노는 억제되지 않고 표출되며 보통 전체적으로 기분 좋은 감정으로 느껴진다.

셋째 유형의 분노는 정의와 공정에 민감하게 반응하지만, 앞선 두 유형은 이런 가치를 크게 신경 쓰지 않을 수 있다. 세 번째 분노의 특징은 재발하는 사례가 자주 관찰된다는 것이다. 하지만 분노가 지난 후에는 두 번째 유형과는 달리 강렬한 쾌감이나 병적인 상태, 또는 일을 통해 건설적으로 풀어낼 수 있는 성향을 남기지는 않는다.

앞서 밝힌 세 가지 유형의 분노는 각자가 순수하게 표출되기도 하지만 실제로는 얽히고설키며 나타나는 경우가 더 많다. 욕망이 좌절되거나 자존심이 상했을 때는 자신이 부당한 대우를 받았다는 기분이 분노를 더욱 증폭시키게 마련이다. 자존감이 낮아진 상태에서 정의와 공정함에 대한 사회적 감정이 더해지면 의분이 폭발하면서 자신에 대한 부정적인 감정도 더욱 키울 것이다.

때로는 공정하지 못한 대우를 받았다는 이유로 억울한 척, 자신의 분노를 정당화하려는 사례도 있다. 실제로는 자기중심적인 자존심이 상한 것이 진짜 원인이라는 사실을 어렴풋이 알면서도 '불공정한 대우를 받았다'는 핑계를 대며 분노를 더 강하게 표출하고 그 과정에서 일종의 쾌감을 느끼는 것이다.

Chapter 5
분노는 어떻게 교육하는가?

이번 연구를 통해 분노는 두 가지 기능을 한다고 본다.

첫째, 분노는 의지적인 행동의 동기를 강화하는 역할을 한다. 둘째, 분노가 발생하는 심리적 상황을 보면 분노는 불필요한 감정의 반응이자 그 자체로 목적이 되기도 한다. 이 두 기능은 따로 떨어져 있는 것이 아니다. 같은 분노라도 그것이 나타나는 반응 단계에 따라 단순히 감정의 해소와 기분 전환을 위한 것일 수도 있고 혹은 어떤 목표를 향한 유의미한 행동을 촉진하는 기능을 할 수도 있다. 때로는 이 두 가지가 동시에 나타나기도 한다. 이 같은 두 가지 측면은 교육적 결론을 내리는 밑바탕이 된다.

분노의 승화 Sublimation

예술과 종교에서의 분노

분노가 다른 형태로 승화된 모습은 시인과 예술가의 주요 소재가 되어왔다. 분노는 두려움과 함께 종교에서도 핵심적인 역할을 담당해왔다.

원시시대의 마법은 초자연적인 존재를 강제로 통제하려 했는데 이는 분노와 비슷한 성격을 띠고 있다. 미개한 종교의 저주 또한 '원한'에서 나온 것이다. 고대 히브리인들이 믿었던 성격이 급한 신의 모습은 영혼을 단련하는 데 있어 의로운 분노 righteous indignation가 얼마나 중요한지를 보여준다.

국가와 정의의 기초가 되는 분노

플라톤은 『국가론』에서 분노가 국가 조직의 토대라고 주장했고 리보[18]는 분노가 정의의 기초가 된다고 역설했다.

최근 베르그송 Bergson은 이렇게 밝혔다.

> "어떤 사회든 문명이 발달하려면 구성원이 범죄자에 대해 분노와 적대감을 느낄 수 있는 신경구조를 갖춰야 할 것이다. 이러한 신체구조야말로 우리가 도덕률 moral code이라 부르는 것의 기반이 된다."

---

18 리보, T. A. (1897). 『감정의 심리학』. 런던: 월터 스콧, 패터노스터 스퀘어.

교육에서 분노 활용하기

홀 박사[19]와 제임스[20] 및 듀이[21]는 세상의 가장 훌륭한 업적과 용기 있는 행동이 대부분 분노에서 파생되었다고 생각했다.

"교육에서 정말 중요한 건 사람이 제대로 화내는 법을 배우는 겁니다. 교육이 해야 할 일 중 하나는 마음의 힘을 어떻게 써야 하는지 일러주는 것이죠. 사람은 누구나 분노라는 힘을 가지고 있는데 이걸 잘 활용해서 생산적으로 보탬이 되는 일에 쓸 수 있게 해야 합니다. 감정을 덮어놓고 억누르지 말고 감정이 유익한 방향으로 우리에게 도움이 되도록 만들어야 하는 겁니다."

홀 박사의 강의록에서 발췌했다.

진화적 역할

분트[22]와 제임스[23] 및 스탠리[24]는 분노의 기능이 의지적인 행동을 강화하는 데 있다고 주장했다. 스탠리의 소견은 다음과 같다.

19　홀, G. S. (1909). 『청년기』. D. 애플턴 앤 컴퍼니.
20　제임스, W. (1896). 『심리학 원리』. 헨리 홀트 앤 컴퍼니.
21　듀이, J. (1890). 『심리학』. 뉴욕: 아메리칸 북 컴퍼니.
22　분트, W. (1896). 『인간과 동물의 심리학』. J. F. 크라이튼 & E. B. 티치너 역. 맥밀런.
23　제임스, W. (1896). 『심리학 원리』. 헨리 홀트 앤 컴퍼니.
24　스탠리, H. M. (1899). 『감정의 진화심리학 연구』. 맥밀런.

"진화의 어느 순간, 분노라는 감정이 생겨났습니다. 공격적인 행동을 부추기는 역할을 하게 된 거죠. 상상해보세요. 어떤 개체가 처음으로 화를 낼 수 있게 되었다고 말이에요. 그놈이 동료를 격렬하게 공격해서 먹이 경쟁에서 이겨버린 겁니다. 동료를 향해 분노를 처음 티뜨린 그 개체가 나타난 날이야말로 정신 발달사에서 가장 중요한 날이었을 겁니다."

교육은 인간의 욕구와 성장과 발달 및 정신 건강에서 분노가 하는 역할과 관련이 깊다. 윤리학에서는 분노를 대개 해로운 것으로 보고 없애야 할 감정이라고 말해왔으나 교육학적 관점에서 보면 분노는 올바른 방향으로 기르고 자극해야 할 감정이다.

"해가 지기 전에 화를 풀라", "원수를 사랑하고 미워하는 자에게 선을 베풀라" 같은 도덕적 가르침은 개인적으로는 분노를 다루는 좋은 방편일 수는 있다. 하지만 이런 방법이 항상 윤리적 목적을 달성하는 데 효과가 있지는 않을 것이다. 교육 현장에서는 이런 접근법만으로는 부족할 수 있다.

건전한 분노는 때로는 바람직하며 무작정 억눌러서는 안 된다. 분노라는 감정이 제 역할을 하려면 너무 쉽게 사라져서는 안 되며 나중에 필요할 때 활용할 수 있도록 어느 정도는 남아 있어야 한다.

누군가에게 받은 상처를 너무 성급히 용서하거나 원한을 너무 쉽게 버리는 경우가 있다. 하지만 건전하게 싸우겠다는 태도와 신중함, 의지적 행동이 생산적인 성과로 이어져야 하지만 감정을 당장 해소하려는 욕구 탓에 본래 목적에서 벗어나는 경우가 더러 있다. 연구에 참여한 사람들은 분노가 건전한 효과를 낸다는 데 동감했다.

감정적으로는 분노가 만족스럽게 해결될 수는 있다. 사람들은 상상력을 발휘하는 등의 방법을 통해 마음으로나마 우월감이나 승리감에 도취되곤 한다. 내면의 승리는 분명 바람직한 결과일 것이다. 주관적인 만족감은 실제로도 마음을 가라앉히고 일상을 순탄하게 영위할 수 있게 도와준다.

하지만 '내적 승리'가 너무 쉽게 일어나는 건 문제다. 실제로는 질 뻔한 상황에서 진짜 의지력을 발휘하지 않고 상상 속의 승리로 만족해버리는 '불상사'가 벌어지기 때문이다. 머릿속으로만 다툼을 계속 이어가다 보면 현실적인 싸움에 대해서는 의욕이 떨어지기도 한다. 아울러 상대방이나 상황에 대해 너무 쉽게 변명거리를 만들어주는 습관은 득이 되지 않을 것이다.

감정이 막 생겨날 때부터 억제해버리면 분노는 제대로 표출할 기회조차 없이 사라지고 만다. 분노의 감정을 조금은 더 느끼고 받아들일 필요가 있다. 그래야 감정의 세계가 살아 숨쉬고 자신의 권리 또한 잊지 않게 된다. 그러지 않으면 삶은 무뎌지고 정신은 무미건조해져 더는 성장하거나 변화할 여지가 없는 평평한 일상에 갇혀버릴 수도 있다.

감정, 특히 공포나 분노 같은 원초적 감정을 제대로 연구하려면 발생 초기부터 감정이 느껴지고 그것이 충동이 되어 행동으로 이어진 후 사라질 때까지의 세밀한 과정을 모두 살펴봐야 한다. 실은 느슨하고 덜 격렬한 형태의 분노가 교육적으로나 심리학적으로 훨씬 더 중요하다. 감정의 본래 기능은 오히려 이런 잔잔한 상태에서 더 잘 드러나기 때문이다.

우리가 평소 '분노'라고 생각하는 것은 흥분으로 통제가 불능인 상태를 일컫는다. 그러나 정말 유익한 분노는 지적으로 정제되어 의지적 행동으로 바뀐 상태를 두고 하는 말이다. 이때 감정의 강도나 세기는 약해졌을지언정 여전히 분노인 것은 맞다. 다만 분노의 진화적 목적인 '필요한 방향으로 행동하려는 추진력을 끌어올리는 데' 더 잘 맞게 작동한다는 것이 다를 뿐이다.

알다시피 의분indignation과 원망resentment 및 짜증irascible feelings 같은 감정도 분노의 한 형태이다. 이들은 굴욕이라는 초기 감정에서 발생, 지적인 판단 과정을 거치면서 마지막에는 분노 특유의 '이겨낸 듯한 뿌듯함(내가 옳았다는 감정, 혹은 자존감을 회복한 감정-옮긴이)'을 남긴다.

앞선 분노의 감정이 심리적 행동과 전인적 발달에 미치는 영향은 실로 크다. 이를테면, 업무의 역량을 폄하하는 말을 듣고 속이 뒤틀린 사람이 몇 달 동안이나 업무에 열중했다는 보고가 있다. 그는 상대가 틀렸음을 몸소 입증하기 위해 업무에 박차를 가한 것이다.

A는 X가 자신의 주장을 선뜻 믿지 못하겠다는 취지의 뜻을 내비쳤다는 데 분노했고 이를 입증하기 위해 3일간 강도 높은 정신노동에 매달렸다고 한다. E는 살짝 기분 나빴던 경험과 굴욕이 자신의 야망을 자극하는 강력한 원동력이 되었다고 밝혔다. 흥미로운 점은 그렇게 분노를 표출하면서도 상대방에 대해서는 되레 호감이 커졌다는 것이다.

몇 사람을 대상으로 과거의 분노가 자신의 포부에 어떤 영향을 미쳤는지 조심스럽게 물어본 적이 있다. 때로는 여러 번 내지는 적어도 한 번은 이런 분노가 중요한 결과로 이어졌던 사례를 떠올릴 수 있었다고 한다. 어떤 이는 사소한 모욕에도 과민하게 반응하며 상대를 굴복시키려 했다고 했다.

한 피관찰자는 눈이 좋지 않은 탓에 어린 시절부터 시력에 민감했다. 누가 자신의 결함을 지적할라치면 혼잣말로 이렇게 되뇌었다고 한다. "내가 시력은 나쁘지만 너보다는 성공할 수 있다는 걸 보여주지. 언젠가는 후회하게 될 거다."

다음은 M(28세)의 증언이다.

"여친 부모님이 나를 탐탁지 않게 여긴다는 사실에 자존심이 상했다. 이때 나는 '반드시 성공해서 그들을 후회하게 해주겠노라' 다짐했다. 이것이 진로를 정하는 주요한 동기가 되었다. 이를 위해 대학에 진학했고 열심히 공부해 높은 학점을 받았다. 학창시절 내내 나는 여친 부모를 수차례 떠올리며 언젠가는 꼭 보여주겠다는 다짐을 되풀이했다. 4년이 지난 지금, 나는 목표를 어느 정도 달성했다는 사실에 큰 만족을 느꼈다."

"4년 전, 내가 존경했던 친구가 '너는 과학자가 될 수 없을 것'이라며 내 실력을 폄하했다. 그 말을 생각하면 할수록 속이 들끓었고 이를 반증하기 위한 계획을 세워 열심히 실천했다. 지금도 틈만 나면 나를 자극하는 그 말이 떠오르곤 한다. 언젠가는 연구 중인 과학 프로젝트 논문을 그 친구에게 보내는 상상을 하곤 했다."

M(25세)의 말이다.

M(34세)의 사례는 다음과 같다.

"대학 2학년 때 문학회 회장 선거에서 낙선했다. 나를 제치고 당선된 친구가 얄밉고 서운했다. 어느 날 그가 교내 대회를 열심히 준비하는 모습에 기필코 그를 이기겠다는 목표를 세웠다. 내가 웅변대회에 참가한 까닭이다. 다른 사람은 전혀 신경 쓰지 않았다. 어떻게든 그 친구를 짓밟겠다는 일념이 없었다면 대회에는 나가지 않았을 것이다. 대본을 쓰고 연습할 때도 주된 목표는 오로지 그를 이기는 것이었다. 좋은 친구 사이를 유지하면서 말이다."

분노와 성장에 관한 통찰

가깝게 지내는 사람에게도 마음속에 오랫동안 남아 있는 묘한 원망이나 감정이 있을 수 있다. 이런 감정은 때때로 사람이 갑자기 성장할 때 동반되는 경우가 많은데 이는 '분노 의식 anger consciousness'의 대표적인 특징 중 하나다. 개인적 가치를 보여주는 소소한 성취도 건전한 분노 반응에서 비롯된 결과인 경우도 많다. 특히 성격이 급한 사람은 대부분 자신의 경험을 돌이켜보면, 분노가 동력이 되어 개인의 발전과 성취에 갑작스러운 도약을 이룬 적이 있을 것이다. 이때의 분노는 극도의 흥분 상태까지는 가지 않았거나 아니면 충분히 해소되지 못하고 마음 한켠에 남아 있던 분노의 잔재였을 공산이 크다.

프로이트[25]는 인물을 다룬 숱한 전기가 다시 집필되어야 한다고 주장했다. 사람의 강한 목표 의식이나 포부가 실은 '성적 동기sexual motives'에서 비롯되었을 수도 있으니 그런 심리적인 부분을 제대로 담아야 전기가 더 진실해진다는 것이다. 마찬가지로 개인이 성장하게 된 동기를 탐구하는 사람이라면 전기 작가든 교육자든 상관없이 분노라는 감정을 절대 간과해서는 안 된다는 점은 분명하다.

지나치게 부드러운 교육 방식으로 상처받은 자존심을 성급하게 달래주려 하면 문제가 생길 수 있다. 겉치레식 위로나 격려가, 오히려 필요한 건전한 분노 반응을 억누를 수 있기 때문이다. 실제로 자존감이 조금 상하고 열이 오르는 것은 바람직한 반응이다. 이는 "더는 간섭하지 말라hands off"는 암시이거나, 아니면 신중하고 현명한 조언이 필요하다는 신호일 수 있다.

연구 대상자들은 자기에 대한 분노가, 부족한 의지력을 자극하고 나쁜 습관을 깨는 데 도움을 준다고 말하곤 했다. B의 사례가 이를 잘 보여준다.

"'이렇게 게으른 인간이라니!'라며 내 자신에게 욕을 퍼부었습니다. 순간의 감정이 해소되고 나니 이제는 일을 제대로 마무리해야겠다는 생각이 들었습니다."

---

25 프로이트, S. (1910). 『성 이론에 관한 세 편의 논문』. 비엔나: 도이티케.

어떤 이는 열이 살짝 오를 때 최고의 능률을 발휘한다고 보고했다. 이때는 주의력과 연산능력이 높아져서 문제가 쉽게 풀리지만 감정이 너무 격앙되거나 문제와는 거리가 있는 상황에 대한 분노라면 두뇌활동에는 방해가 될 것이다. 브라이언과 하터Bryan and Harter[26]가 전신telegraphy 기술에 대해 연구한 바에 따르면, 숙련된 오퍼레이터는 화가 났을 때 더 능숙하게 일하지만 초심자는 능률이 떨어지는 것으로 나타났다.

미켈란젤로 역시 다혈질적인 기질에서 최고의 작품을 창작해냈다고 전해진다. 사람들은 대부분 무기력한 성향이 있어 분노의 감정이 자극제로 작용할 필요가 있다. 상황이 너무 느긋하고 무난하면 사람에게 내재된 최고의 잠재력은 깨어나지 않는다. 분노만큼 강한 성정을 가진 사람에게 활력을 주는 감정도 드물다.

뛰어난 지성인이라면서도 최고의 성과를 내는 데 필요한 '분노의 힘'을 제대로 갖추지 못한 사람이 많다. 화낼 줄 모르는 아이라면 어떤 수단을 동원해서라도 분노하는 능력을 가르쳐야 한다. 인간의 본성을 예리하게 관찰했던 괴테는 이런 말을 남겼다. "사람들은 대부분 분개하는 마음 없이는 충분한 열정을 발휘하기 어렵다. 상식적으로 생각해보고 주의 깊게 관

---

26 브라이언, W. D., & 하터, N. 『전신 언어의 생리학 및 심리학 연구』. 심리학 리뷰, 4권, 27-58.

찰해보면 뭔가를 제대로 해내는 사람들은 거의 예외 없이 필요할 때 마음껏 끌어쓸 수 있는 '적개심hostile feelings'을 가지고 있다는 사실을 확인할 수 있을 것이다."

표출의 필요성

분노를 표출하는 두 번째 조건은 반응 자체가 목적인 경우다. 분노의 기능은 두 가지 측면에서 살펴볼 수 있다. 우선 진화론 겸 실용적인 관점에서 보면 분노는 일을 해내기 위한 수단으로, 더 강한 의지력이 필요할 때 행동을 돕는 역할을 한다. 하지만 다른 측면에서는 감정과 충동을 '표출하는 것' 자체가 모든 감정에서 중요한 의미를 갖는다. 특히 격렬하고 강한 분노는 실용성 따위는 아예 무시되거나 오히려 방해를 받기도 한다. 이때는 객관적으로 필요한 것과는 정반대로 행동하기도 한다.

분노를 표출할 때는 주관적 반응과 객관적 반응 모두에서 중요한 면이 있다. 감정의 충동적 목적은 단순히 불쾌한 긴장을 풀고 마음을 정리하는 데 있다. 분노에 대한 반응 과정을 간단히 정리하면 다음과 같다.

첫째, 감정 반응

심리적으로 불편한 상황이 생기면 이를 없애거나 바꾸려는 표출 욕구가 나타난다. 이때 분노가 폭발하면 짜증이 풀리거나 오히려 기분이 좋아지기도 한다. 반응이 성공하면 상처받은 자존심이 '이겼다'는 쾌감으로 보상받으며 회복된다.

둘째, 자제된 표현

분노를 표출할 때도 어느 정도는 자제력이 필요하다. 원시적이고 반사회적인 충동이 억제되면 공격성과 불쾌감이 줄어드는 방식으로 표출될 것이다. 이렇게 위장하거나 방식을 바꿔 표출하면 억눌린 감정이 해소되면서 사회적 충동이 충족되어 기분도 좋아진다.

셋째, 면역 효과

감정을 후련하게 표출하고 나면 같은 상황에서 다시 분노하는 일이 줄어든다. 건강한 감정 해소가 애초에 분노를 일으켰던 상황 자체를 해결해버렸기 때문이다.

앞서 말한 관점에서 보면, 분노는 교육의 두 번째 목표와 연결된다. 자극을 어떻게 반응할지에 대해 스스로 자각하고 통제하려는 의식 중 상당 부분은 원시적이고 반사회적인 충동―즉 바람직하지 않은 성향―을 대체할 방편을 찾으려는 동기에서 나온다. 때문에 분노 표출의 이런 측면은 교육적으로 중요하다. 분노할 수 있는 잠재력이 강한 것은 개인에게 바람직한 자질이다. 하지만 동시에 훈련과 습관을 통해 이런 감정을 제대로 다룰 수 있는 유연하고 적극적인 사고가 필요하다. 이를 위해서는 구체적으로 두 가지가 중요하다. 첫째, 분노 에너지를 생산적인 일에 활용할 수 있어야 하고 둘째, 감정적으로도 만족스럽게 표출할 수 있어야 한다. 즉, 본능적 충동은 억제하면서도 병적이고 불쾌한 정신적 긴장은 풀어낼 수 있어야 한다는 이야기다.

때로는 분노를 한바탕 터뜨리는 것이 도움이 될 수도 있지만 대부분은 다른 방식으로 표출하는 편이 더 낫다. 재치 있는 말이나 품격있는 농담, 혹은 적당한 선을 지키면서 하는 유쾌한 장난이나 익살은 정신건강에 도움이 된다. 이는 위험할 뻔한 관계에 호감과 우정의 기초를 다져주기도 한다. 성격이 까칠한 사람에게는 화가 날 때 재치 있는 농담 한마디로 긴장을 순식간에 풀어내는 습관을 가르치는 것이 좋다. 많은 사람이 마음에 상처를 받고 좋은 인간관계를 유지하지 못하는 이유는 '멘탈 스파링mental sparrers'을 할 줄 모르기 때문이다. 즉, 사회적으로 적절하게 감정을 해소하는 법을 배우지 못했다는 이야기다. 대신 그냥 참아버리곤 하는데, 당장은 쉬워 보이지만 나중에는 더 큰 문제로 확대될 수 있다. 이런 사람들의 분노는 너무 심각하고 융통성도 없다. 감정이 너무 원시적인 수준에 머물러 있는 탓에 본능적인 충동이 억제되면 감정을 건전하게 해소할 정신적 기술이 없는 것이다. 결국에는 자기를 보호하기 위해 그냥 억누르는 방법밖에 쓸 줄 모른다.

분노와 교육

터먼Terman[27]이 지적했듯이, 교육에서 활용되는 감정에 대해서는 체계적인 연구가 필요하다. 학교에서 학생을 통제하기 위해 사용하는 감정과, 학습 동기를 부여하는 감정, 학습과 수업의 능률을 떨어뜨리거나 높이는 감정 반응, 이들은 과학적으로 연구된 바가 거의 없다.

분노, 더 정확히 말하면 교사와 학생 모두가 가진 분노의 잠재력은 교육 현장에서 자연스럽게 활용되고 있다. 이런 감정을 제대로 다루는 기술은 교사에게 꼭 필요한 능력 중 하나다. 경쟁심이라는 형태의 '투쟁성pugnacity'도 교육에서 흔히 쓰이는 방법이다.

개인차

생활 속에서 나타나는 학생들의 감정에는 저마다 다른 특성이 있다. 교사 역시 그렇다. 누군가에게는 두려움과 불안이 주된 감정이고 또 다른 누군가에게는 분노가 그 자리를 차지

---

27 터먼, L. (1913). 『교사의 건강: 직업 위생학 연구』. 호턴 미플린 컴퍼니.

할 것이다. 이번 연구에서 관찰한 바에 따르면, 피관찰자들이 표출한 감정은 유형과 성격이 매우 다양했는데 그중에서도 분노가 가장 빈번하게 나타났다. 다음 사례를 통해 이런 차이를 구체적으로 살펴보자.

J

J는 두려움보다 분노를 훨씬 자주 표출한다. 두려움이라는 감정 자체를 거의 모른다고 해도 과언이 아닐 것이다. 분노는 대개 자존감이 떨어진 상태에서 시작되지만 초기 단계에서는 감정의 강도가 그리 세진 않았다. 분노가 폭발하는 순간에도 극도로 흥분하는 일은 드물었다.

그는 대개 분노를 무관심이나 불쾌감 속에서 자연스럽게 소멸시키며 결국 상대에 대한 소극적인 거부감만 남겼다. 부당하거나 불공평한 일에 화를 내는 경우는 거의 없었고 그마저도 자신이 직접 피해를 당했을 때만 예외였다. 그에게 분노는 대체로 성과 없는 불쾌한 경험이었던 터라 가급적 화를 내지 않으려 애썼고 전반적으로 감정의 폭도 좁았다. 분노가 지나간 후에는 다소 우울한 기분이 남을 뿐 새로운 동력이나 의욕으로 이어지지 않았다.

G

G 역시 두려움보다는 분노가 감정을 지배했다. 굴욕감에서 비롯된 분노는 거의 경험하지 않았다. 자신이 무능했다고 느낄 때 자신에게 화를 내는 정도가 전부였다. 그는 특정 인물보다는 상황이나 원칙 자체에 분노를 느끼는 편이었다.

분노는 보통 불쾌한 감정이지만 그 뒤에 찾아오는 소소한 해방감은 나쁘지 않았다. 그에게 분노는 쌓인 짜증을 털어내는 역할에 그칠 뿐, 일의 동력으로는 별로 작용하지 않았다. 순간적으로 의지력을 높여주는 정도가 고작이었다. 자신에게 분노를 쏟아내는 경우가 많고 불공정한 일에 화가 나더라도 사람보다는 원칙에 방점을 두었다. 몸이 좋지 않을 때는 감정이 자주 예민해졌으며 분노가 서서히 누적되다가 어느 순간 터지는 양상을 보였다. 그렇다고 감정의 강도가 특별히 세지는 않았다.

C

C가 반응한 분노는 앞선 두 사례와는 완전히 달랐다. 극단적인 상황이 아니면 두려움은 거의 느끼지 않았고 분노는 거의 예외 없이 굴욕감을 느낀 후에 표출되었다. 어떤 순간에는 매우 격앙된 감정을 표출하기도 했다. 감정이 폭발한 때는 일시적으로 정의감마저 잃어버리지만, 감정이 가라앉기 시작하면 상대방을 변호하고 그의 입장에서 상황을 다시 바라보는 습관

이 있다. 그의 분노는 연민이나 후회, 수치심 혹은 두려움으로 이어졌다. 이런 감정은 희비가 교차할 때가 있어 양면성을 지닌다. 분노가 수그러들 때는 대체로 불쾌한 기분과 아울러 다양한 감정적 성향과 사고방식이 남는데 이것이 나중에는 긍정적이든 부정적이든 또 다른 감정의 씨앗이 된다.

분노는 그가 업무나 연구에 매진하게 만드는 가장 강력한 원동력 중 하나다. 이견에 부딪혀 분노가 솟구치는 주제가 있으면 상대방에게 '한 방 먹이기even up'위해 며칠이고 그 분야를 파고들며 연구한다. 아울러 그는 자신의 논리를 관철시킬 때 극도의 쾌감을 느낀다. 자기만족이나 자기확신이 강할 때 분노는 더 쉽게 올라오게 마련이다. 분노가 남긴 감정의 잔재는 의지력과 이상주의적인 사고idealization로 발전, 전반적인 포부에 중요한 역할을 한다.

앞선 사례만 보더라도 감정의 세계에서 나타나는 개인차의 문제를 충분히 파악할 수 있다. 어떤 사람에게는 두려움이 주된 감정이다. 피관찰자 A와 B는 관찰 기간 내내 두려움과 분노를 거의 같은 비율로 보였다. 하지만 이들은 모두 성인이라는 점에서 평소 감정의 반응이 훈련과 교육에 얼마나 좌우되는가가 중요한 화두로 떠오른다. 아동기와 청소년 초기의 교육 방식이 결정적 역할을 했을 공산이 크다.

C는 외동아들로 자라며 상당한 자유를 누렸고 어린 나이에 이미 부모의 통제를 벗어날 정도였다. J는 막 청소년기에 돌입했을 때 지금보다 훨씬 자주, 더 격앙된 감정을 표출했다고 한다. 그는 '이성이 감정을 지배해야 한다'는 철학적 신념이 현재의 감정 습관을 만드는 데 영향을 주었다고 본다.

G는 어릴 때 '분노는 곧 죄'라는 가르침을 받았고 당시 이를 받아들였다고 한다. 그래서 지금도 사람보다는 대상이나 원칙 혹은 상황에 분노를 표출하되 분노 자체를 느끼는 일이 많지는 않았다. 그는 조기 종교 교육이 자신의 감정 습관을 형성하는 데 주효했다고 본다.

이런 사례를 종합하면 분노에 대한 평소의 정신적 반응 중 상당 부분이 교육과 훈련의 산물임을 알 수 있다. 더 나아가 교육이 생활 전반에서 표출되는 감정까지 다룰 때, 개인차 문제는 지능을 기준으로 할 때보다 훨씬 복잡하고 중요한 과제가 된다는 점도 분명해진다.

이번 연구를 토대로 교육적인 측면에서 분노가 하는 역할에 대해 몇 가지 교훈을 얻을 수 있다. 형평성이 훼손되었거나 교칙이 무너졌을 때 소신껏 분노하는 능력이 부족하다면 눈치 빠른 학생이 이 약점을 역이용할 수 있다. 다만 교사가 협력의 원칙이나 사랑, 혹은 자긍심 등으로 이를 보완한다면 (굳이 분노를 드러내지 않더라도 학생에게 휘둘리지 않고) 문제를 해결할 수 있을 것이다.

그런 입장에서 쿨리Cooley의 표현은 다소 과격하다. 그는 "학생이 교칙을 위반해도 교사가 분노하지 않는다고 생각한다면 규율은 유지될 수 없다"고 주장했다(『인간의 본성과 사회질서 Human Nature and the Social Order28』, 244). 학교의 통제 방식 자체가 교사와 학생의 감정과 어느 정도 연결되어 있는 것이다.

훈육(규율)에 분노가 개입될 수 있다면 앞서 말한 세 가지 분노 유형 중 '정의감에서 비롯된 분노'가 교육적으로 가장 효과적일 것이다. 반면 단순한 짜증에서 나온 분노는 훈육의 도구로 삼기에는 위험하다. 이 같은 감정은 마음속에 차곡차곡 쌓이다가 결국 폭발하는데 이때는 정의와 상관없이 실제 원인과는 무관한 사람에게마저 감정이 폭발할 수 있기 때문이다. 결국 과거의 어떤 자극으로 생긴 분한 감정이 무고한 학생에게 돌연 쏟아져 나오는 불상사가 생길 수 있으므로 이런 분노는 훈육의 본래 목적을 오히려 흐리게 만든다.

자존감이 낮은 상태에서 생긴 분노 또한 감정의 앙금이나 상처가 개입되기 쉬운 탓에 정의감sense of justice이 함께 작동하지 않는다면 교육 현장에서 규율 수단으로 사용하기에 앞서 매우 신중해야 할 것이다.

---

28 쿨리, C. H. (1902). 『인간의 본성과 사회 질서』. C. 스크리브너 앤 선즈.

교사가 반드시 염두에 두어야 할 문제가 있다. 학생이 교사를 존경하는 상황에서 교사가 학생의 분노를 자극하면 대개는 분노에 앞서 굴욕감이 먼저 자리를 차지한다. 특히 교사가 불공평하게 처신했다면 학생의 분노는 '억울함'에 더 격해질 것이다. 이런 분노는 대부분 그 대상(교사)에 대한 지속적인 반감으로 고착될 것이다. 제대로 풀리지 않은 분노의 찌꺼기는 성격이 급한 학생이라면 학교생활 전반에 걸쳐 문제를 일으키는 요인이 될 수 있다.

학생 개개인의 심리상태를 비롯하여 분노 이후의 심리 변화를 제대로 파악하는 현명한 교사라면 이렇게 쌓인 부정적인 감정을 능숙하게 해소하여 자신을 원망하던 학생을 자기편으로 만들 수 있다. 감정의 앙금을 잘 처리하면 오히려 예전보다 더 깊은 신뢰 관계를 형성할 수도 있다. 이처럼 '사후 보상의 원리principle of compensation in the after-period'를 훈육에 적극 활용할 필요가 있다. 감정 기복이 심하고 예민한 학생이라면 일부러 분노를 터뜨리게 해서 그 감정을 풀게 해주는 것도 좋은 방법일 수 있다. 그러나 훈육 과정에서 가하는 어떤 처벌이든 학생이 그 정당성을 인정하지 않는다면 학교의 질서 유지는 감당하기가 어려워질 것이다. 특히 까칠한 학생이라면 더욱 그렇다. 따라서 교사가 범하기 쉬운 실수는 학생들의 감정적 차이를 무시한 채 두려움을 모르는 혈기왕성한 학생에게 공포를 통한 통제를 시도하는 것이다.

제대로 해소되지 않은 분노는 병적인 찌꺼기를 남기는데 이는 학생의 학습 능력을 심각하게 저하시킨다. 따라서 교육자는 감정의 앙금을 제거하고 이를 건설적인 활동으로 전환하거나 필요하다면 전학 조치도 취해야 한다. 감정적인 문제는 편도선 부종이나 감각기관의 손상만큼이나 학습에 심각한 장애가 되기 때문이다.

분노에 대한 심리적 반응은 대부분 후천적으로 얻게 된 습관이다. 따라서 분노에 잘 대처하고 감정의 앙금 없이 잘 추슬렀다고 느끼는 반응은 결국 훈련의 문제인 것이다. 분노에 대한 잠재력은 간접적인 방법으로도 키울 수 있는데, 분노를 불러일으키는 감정과 정신적 성향을 기르면 된다. 포부를 한층 높이고 새로운 욕구를 키우며 학업의 성취를 통해 자신에 대한 긍정 평가와 자존감, 공정과 정의감을 기르는 일은 모두 분노 감각의 뿌리를 다지는 작업이다.

사람이 분노를 느끼게 되는 경위를 연구해 보면, 분노에 무딘 사람도 간접적인 방법을 통해 분노할 줄 아는 힘을 길러줄 수 있다는 근거가 충분하다는 사실을 알 수 있다. 적절한 자극이 있어도 건전한 분노를 느끼지 못하는 학생은 자존감이나 성취욕, 또는 공정성에 대한 감각이 부족하다는 방증일 것이다.

투쟁 본능 pugnacious instinct을 자극하는 활동은 제대로만 이루어진다면 감정의 습관을 기를 수 있는 훌륭한 훈련이 된다. 공부와 놀이에서 제대로 겨루고, 토론에서 주고받는 공방과 수업 중 토의, 재치 있는 대응과 권투 및 단체 경기 등은 감정을 단련하는 좋은 훈련이 된다. 어려운 여건에서도 올바른 습관을 유지하고 정정당당하게 끝까지 싸우며 패배를 프로답게 받아들이는 자세는 그것이 스포츠에서든 지식 경쟁에서든 교육적으로 매우 소중한 자질이 된다. 물론 스포츠나 지식 경쟁이 그릇된 감정에 휘둘린다면 건전한 감정 습관을 기르려는 목적에 역행하게 되고 그 교육적 의미도 사라질 것이다.

참고문헌

아흐, N. (1905). 『의지 활동과 사고에 관하여: 힙의 크로노스코프에 관한 부록을 포함한 실험적 연구*Ueber die Willenstatigkeit und das Denken. Eine Experimentelle Undersuchung mit einem Anhang: Ueber das Hippsche Chronoskop*』. 괴팅겐: 반덴호크 운트 루프레히트.

아이언스, D. (1903). 『윤리학의 심리학*Psychology of Ethics*』. 에든버러: 블랙우드 앤 선즈.

베인, A. (1875). 『감정과 의지*The Emotion and the Will*』. 제3판. 런던: 롱맨.

브라이언, W. D., & 하터, N. 『전신 언어의 생리학 및 심리학 연구*Studies in the Physiology and Psychology of the Telegraphic Language*』. 심리학 리뷰, 4권, 27-58.

분트, W. (1896). 『인간과 동물의 심리학*Human and Animal Psychology*』. J. F. 크라이튼 & E. B. 티치너 역. 맥밀런.

분트, W. (1907). 『심리학 개요*Outlines of Psychology*』. C. H. 저드 역. 제3판. 스테헤르트.

슈타인메츠, S. R. (1905). 『잔혹성과 복수심에 관한 심리학적 논문과 함께 형벌의 초기 발전에 관한 민족학적 연구Ethnologische Studien zur ersten Entwicklung der Strafe nebst einer Psychologischen Abhandlung Uber Grausamkeit und Rachsucht』. 제2권. 라이덴.

스탠리, H. M. (1899). 『감정의 진화심리학 연구Studies in the Evolutionary Psychology of Feelings』. 맥밀런.

아이언스, D. (1903). 『윤리학의 심리학Psychology of Ethics』. 에든버러: 블랙우드 앤 선즈.

제임스, W. (1896). 『심리학 원리Principles of Psychology』. 헨리 홀트 앤 컴퍼니.

퀼페, O. (1893). 『심리학 개론Grundis der Psychologic』. 라이프치히: 엥겔만. 478쪽.

쿨리, C. H. (1902). 『인간의 본성과 사회 질서Human Nature and the Social Order』. C. 스크리브너 앤 선즈.

티치너, E. B. (1906). 『심리학 개요Outlines of Psychology』. 맥밀런.

터먼, L. (1913). 『교사의 건강: 직업 위생학 연구The Teacher's Health, A Study in the Hygiene of an Occupation』. 호턴 미플린 컴퍼니.

페레, C. (1896). 『감정 표현에서의 대립L'antithèse dans l'expression des émotions』. 철학 리뷰, 42권, 498–501.

프로이트, S. (1905). 『재치와 무의식과의 관계Der Witz und seine Beziehung zum Unbewussten』. 라이프치히 및 비엔나: F. 도이티케. 205쪽.

프로이트, S. (1910). 『성 이론에 관한 세 편의 논문Drei Abhandlungen zur Sexualtheorie』. 비엔나: 도이티케.

홀, G. S. (1909). 『청년기Adolescence』. D. 애플턴 앤 컴퍼니.

홀, G. S. 『분노에 관한 연구A Study of Anger』. 미국 심리학 저널, 10권, 516–591.

듀이, J. (1890). 『심리학Psychology』. 뉴욕: 아메리칸 북 컴퍼니.

듀이, J. 『감정 이론The Theory of Emotions』. 심리학 리뷰, 2권, 13–32.

리보, T. A. (1897). 『감정의 심리학The Psychology of the Emotions』. 런던: 월터 스콧, 패터노스터 스퀘어.

맥두걸, W. (1913). 『사회심리학 개론An Introduction to Social Psychology』. 제7판. 런던: B. 루스.

THE PSYCHOLOGY AND PEDAGOGY OF ANGER

Roy Franklin Richardson

CONTENTS

Preface

Introduction

CHAPTER ONE

Mental Situation Stimulating Anger _171

CHAPTER TWO

Behavior of Consciousness _195

CHAPTER THREE

Disappearance of Anger _223

CHAPTER FOUR

Conscious After-Effects _236

CHAPTER FIVE

Educational Function _256

Bibliography _276

PREFACE

The importance of the study of the emotions in relation to human conduct is well understood. Just how consciousness behaves under the influence of the fundamental human emotions like fear and anger, is one of vital interest to the psychologist and educator. It has always been difficult to study the structural side of our emotions because of an inability to control voluntarily our emotions for purposes of introspection. The structure of emotions is primarily important in so far as structure may allow an interpretation of function. The study of the emotions has for the most part been limited to theoretical discussions based on the observations of normal and abnormal persons and on the casual introspection of individual authors. This work is an attempt to study systematically the emotion of anger in relation to the behavior of consciousness, the ideas and feelings associated in the development of anger, the reactive side of consciousness under the influence of anger, individual differences in behavior, manner of the disappearance and diminution of anger, devices used in the control and facilitation of the emotion, and the conscious after-effects including the interrelation of anger and other feelings, emotions and attitudes which follow. The education of the emotions was first voiced by Aristotle who indicated that one of the aims of education should be to teach men to be angry aright.

The author is under great obligations to President G. Stanley Hall, for without his inspiration the investigation would never have been begun or completed. A number of persons cooperated in the study both by criticism and observation of emotional experiences. The study would not have been possible without the kindly co-operation of the following: Professor and Mrs. G. E. Freeland, Mr. A. E. Hamilton, Dr. G. E. Jones, Dr. George Bivin, Dr. Frank E. Howard, Dr. W. T. Sangor, Dr. K. K. Robinson, Mr. D. I. Pope, Mrs. R. F. Richardson, Dr. E. O. Finkenbinder, Dr. Raymond Bellamy.

R. F. R.
University of Maine
June 20, 1917

INTRODUCTION

Although the emotions are recognized as among the most important mental phenomena, exerting a marked influence on other mental processes, they have had comparatively little systematic investigation. We have our casual descriptions of emotions in terms of feelings, sensations and physiological effects. We have our theories, accounting for the expression of the emotions, and our theories of the constituents of the emotive consciousness. The functional side of emotions, emphasizing the behavior of consciousness, has been for the most part neglected. In looking over the literature on emotions, one is impressed by its theoretical and opinionated trend. Much of it is based on casual individual observations. Attention has for the most part been directed to the most intense emotional experiences, neglecting the smaller emotions, important as they are in the behavior of consciousness. Then psychology has concerned itself with the exciting period of the emotion, disregarding the consciousness preceding the emotion and that after the emotion has disappeared. From the functional aspect of emotions, some of the questions which invite study are as follows: 1. the mental situation, including the fore-period from which the emotion develops; 2. the behavior of consciousness during the period the emotion exists; 3. the manner of disappearance and diminution of the emotion; 4. the effect in consciousness after the emotion has disappeared; 5. individual differences in emotional life.

The statement of Wundt[29] and Külpe[30] concerning voluntary action, that its mere period of duration is but a small part of its psychological significance, may well be said of emotions. Wundt suggests the close relation between the emotion and volitional action. A volitional process that passes into an external act, he defines as an emotion which closes with a "pantomimetic" movement. Ach[31], in his experiments with the will, distinguishes in each experiment a fore, mid and after period. In our emotional experiences, it is true to a marked degree that we are predisposed and predetermined to a specific emotional excitement by temporary or permanent dispositions and attitudes.

---

29 Wundt, W. *Outlines of Psychology*. Translated by C. H. Judd. Third Edition. Stechert. 1907.

30 Külpe, O. *Grundis der Psychologic*. Leipzig Engelmann. 1893. p. 478.

31 Ach, N. *Ueber die Willenstatigkeit und das Denken*. Eine Experimentelle Undersuchung mit einem Anhang: Ueber das Hippsche Chronoskop. Gottingen. Vandenhoech and Ruprecht. 1905.

METHODS. The method in the present study has been to observe anger introspectively as it appears in everyday life. Ten graduate students of Clark University and two persons outside of the University volunteered to observe their emotions for a period of at least three months and report to the writer each day from the notes of their introspections. These persons were asked to observe all instances of anger and fear no matter how minute. Only anger will be used in the present study. They were asked to observe the conscious fore-period before the emotion begins, the development of the emotion, the disappearance, the diminution and the consciousness after the emotion has disappeared, which is recognized as having been influenced by the emotion.

Historically, three methods have been used in studying the emotions. Casual individual introspection is the earliest and is consequently the basis for most of the literature. Bain[32] and Ribot[33] were among the first to employ this method extensively. Observations of the behavior of normal and abnormal persons have given some results. The questionnaire method used by Dr. Hall[34] has shown the wide range of objective reactions and objects of anger.

---

32 Bain, Alexander. *The emotion and the Will.* Third Edition. London. Longman. 1875.
33 Ribot, Th. A. *The Psychology of the Emotions.* London. Walter Scott Ltd., Paternoster Square. 1897.
34 Hall, G. Stanley. *A Study of Anger.* American Journal of Psychology. Vol. 10. pp. 516–591.

Both anger and fear are deep rooted psychic strata. Introspections reveal motives of selfish, unsocial and unlawful character, springing from a level lower than the social man. All observers have been quite frank in giving the full introspections, even when their most private and personal matters were concerned. Where illustrative material is used it has been necessary to remove the personal element, as in many instances, others besides the observer were concerned. This revision has been the work of the writer. The essential psychological factor is unchanged and the words of the observers are used as nearly as possible. The twelve persons will be called by the first twelve letters of the alphabet, and other persons named in the introspections will be called X. Y. and Z. Ten of the observers were graduate men students of psychology. Seven of these had had considerable experience in introspection under controlled laboratory conditions. Most of the illustrative data will be taken from the observations of A. B. C. D. E. F. and G. who are the most experienced observers.

No apology is offered for this study because of the uncontrolled conditions of introspection. Emotions are involuntary processes and consequently do not lend themselves to voluntary control necessary for laboratory technique. The emotion springs from an antecedent complex combined with a present idea. The fact that anger does not develop from a single experience but is a predetermined consciousness usually cumulative in character, makes voluntary origin difficult. Even when the individual is aware of the antecedent which tends to give rise to anger, the voluntary combination with a present idea is unsuccessful. A further difficulty in introspection is the tendency of the emotion to disappear as a result of the act of introspection. It occurs frequently in the data that a further development of the emotion is entirely cut off by introspection. However, attention to the situation giving rise to anger frequently reinstates the emotion, if the feeling background is intense enough. It was necessary to instruct the observers to allow their emotions to run their usual course and note the facts of behavior at convenient times. The purpose of this study is to investigate the behavior of consciousness in the development, expression and disappearance of anger. The observers were asked to direct their observation especially to the behavior side of consciousness. It is believed, that regardless of the necessary uncontrolled conditions of introspection, that a systematic observation of both mild and intense experiences of anger by a number of observers over an extended period of time will add to a better comprehension of the functional character of this one of the fundamental emotions.

CHAPTER ONE
MENTAL SITUATION STIMULATING ANGER

Professor Titchener[35] states concerning emotions in general three essential factors for their formation. First, a series of ideas shall be interrupted by a vivid feeling; second, the feeling shall mirror a situation or incident in the outside world; and third, the feeling shall be enriched by organic sensations created by the course of bodily adjustment to the situation. It has been well agreed from casual introspection that the stimulus to an emotion is a total mental situation or predicament. It is evidently necessary in the psychology of the emotions that each emotion should be studied in connection with its predetermining mental situation giving rise to it. Anger because of its slowness to develop, lends itself more readily to a study of the situation from which it arises, than some other emotions.

---

35 Titchener, E. B. *Outlines of Psychology*. Macmillan. 1906.

It is well known that there is little constancy in the outside situation, associated with the emotion of anger. What one will take as an insult, another will regard as a joke. With the same individual, what will at one time excite anger, will at another be scarcely noticed. We commonly say, referring to some incident, "There was nothing for him to be angry about," and the statement may be correct if the outside situation is viewed as the stimulus to the emotion. With the insane and hysterical, an observer is often baffled by the apparently harmless idea that will excite anger. The fact is, the situation stimulating anger is a psychic one. We fail in viewing our emotional life in the same manner as we do in observing our sensations. Whatever the outside conditions, it is the psychic situation as only a partial reflection of outside conditions, that is of primary importance. A few instances of the current views of the situation exciting anger may be given. What may be called a genetic view is illustrated in McDougall's[36] statement, "The condition of its (anger) excitement is rather any opposition to the free exercise of any impulse, any obstruction to the activity to which the creature is impelled by any one of the other instincts." Dewey[37] in his conception of instincts has pointed out that we are not angry when we are fighting successfully. Only when the pugnacious instinct is impeded does emotion arise. An introspective view may be taken from

---

36 McDougall, W. *An Introduction to Social Psychology*. Seventh Edition. London. B. Luce. 1913.

37 Dewey, John. *The Theory of Emotions*. Psychological Review. II. pp. 13–32.

Bain[38], "When we have suffered harm at the hands of another, it leaves a sting in the violation of the sanctity of our feelings. This pre-supposes a sentiment of self regarding pride, the presence of which gives rise to the best developed form of anger." David Irons[39], who did some keen work in the analysis of the emotions, does not qualify his statement that anger appears only when we feel that we have been injured.

From the pathological side, Féré[40] and Magnan[41] have described slow accumulation of anger in paranoiacs, which seems to re-enforce the casual introspective view stated above. These insane persons first believe they are persecuted. They suspect all about them. Even their very best friends are trying to injure their business or reputation. Gradually reactionary impulses begin and they themselves become the persecutors and concern themselves with the business of revenge. They find gratification in every sort of angry outburst,—insult, abuse, threat, murderous attack, irony, witticism, etc.

---

38 Bain, Alexander. *The emotion and the Will*. Third Edition. London. Longman. 1875.

39 Irons, David. *Psychology of Ethics*. Edinburgh. Blackwood and Sons, 1903.

40 Féré, C. *L'antithèse dans l'expression des émotions*. Rev. Philos. 1896. XLII, 498–501.

41 Hall, G. Stanley. *A Study of Anger*. American Journal of Psychology. Vol. 10. pp. 516–591.

The same view has been advanced by Steinmetz[42] in the observation of the behavior of primitive people. He holds that revenge is essentially rooted in the feeling of power and superiority. It arises upon the experience of injury and its aim is to enhance self-feeling, which has been lowered by the injury suffered.

The next few pages will be devoted to an examination of the mental situations from which anger develops as found in the results of the introspections. About six hundred introspections from the various observers have been used for this study.

Feelings of Irritation. One of the characteristic mental situations from which anger arises is that connected with feelings of irritation. These feelings are described as unpleasant nervous tension with a tendency to motor activity. Awareness of the feeling may be present while attention is directed elsewhere. It may or may not be referred to any particular incident. C.—"It is a sort of diffused unpleasant consciousness that things in general are going wrong."

Irritation in connection with pain or illness is a condition from which anger may develop. From this a trivial incident may give rise to anger. A note from E.'s records says, "I had

---

42 Steinmetz, S. R. *Ethnologische Studien zur ersten Entwicklung der Strafe nebst einer Psychologischen Abhandlung Uber Grausamkeit und Rachsucht.* Vol. 2. Leyden. 1905.

a severe headache to-day and felt irritable. When X. would try to sympathize with me, the irritation would increase and I tended to be angry." G, who has relatively few emotions of anger, introspected upon ten cases of anger, arising from a fore-period of irritation during a day's illness. Subject I. states with reference to pain, "While the pain was on I felt as though I wanted to be angry at somebody or something, X. spoke to me and at once I was angry." Feelings of irritation may increase, gradually, accompanying the increased intensity of pain. A. states, "Irritableness at the first beginning of the pain increased to intense anger at the moment the pain was most severe. There was a strong motor tension in the hands and face muscles with the impulse to look about, vaguely aware that I was trying to find something to refer the anger to.... A decrease of the pain was accompanied by a decrease of the anger to a feeling of irritation again."

Feelings of irritation follow as a result of the thwarting of some desire or mental attitude and are consequently predetermined by the attitude of the moment. From this, anger develops for the most part, as a result of a series of stimuli, which have a cumulative effect. Each thwarting of the impulse intensifies the irritation until anger is developed. One or two failures may stimulate unpleasant feelings, which at the time are ignored; but with an increase of the number of stimuli, there is an accumulative effect in which the awareness of the previous failures becomes more intense than at the moment when they occurred. The following from B.'s observations will illustrate, "I was writing a letter to an important personage and was making special effort to write it neatly. I made an error and felt unpleasantly irritated. Still feeling quite unpleasant, I turned to look for my eraser and could not find it. I looked in several places. Each failure was followed by a sudden increase in intensity of unpleasant feelings." Finally B. found himself using defamatory language prolifically, giving expression to a rather well developed case of anger. One is usually aware in anger of this type, that the emotion is the cumulative effect of a number of previous stimuli. It appears from the reports, that if the mental predisposition is intense enough, one or two failures may suffice to excite anger. In general the stronger the predisposition, the less number of failures is required before anger is fully developed.

Another characteristic of the feeling of irritation is its indefinite objective reference. It may not refer definitely to any object at first. The tendency is usually present to refer it to some object or person, regardless of the real cause of the feeling. E. states, "I felt I wanted to get angry at somebody or something and I did not care much what." While it is common with all the persons studied, to be irritated and burst out angrily at objects, the tendency to transfer the anger from objects which may be the real objective cause to unoffending persons, is a matter in which there is a wide individual difference. C. when irritated by objects, finds a partial relief if he can lay the blame on some person and take an imaginary vent against him. He states, "I have been cross and grouchy all day; 'felt out' with everybody. Several times the association of X. and Y. came up with a little rising anger and an attitude that they were somehow to be blamed. I was aware that they were not to be blamed, but at times I would find myself ignoring this and taking pleasure in criticising them adversely." This tendency to personify the source of anger is illustrated in another incident from C. He lost his umbrella. He looked for it in several places with an increased feeling of irritation; following a line of other associations, he imagined Z., a person whom he dislikes, walking off with it. He says, "All this was mildly pleasant. I was scarcely aware how improbable it was that Z. had taken it, till the act of introspecting on the emotion. I really wanted to believe that he had taken it." The personal objective reference to somewhat suppressed feelings of irritation frequently facilitates the sudden development of the emotion. The tendency to refer the anger to some innocent person, ignoring for the moment the real facts and forgetting one's sense of justice for the time being, is a matter in which there are marked individual differences in the subjects studied.

It is a common characteristic of the initial stage of anger, that although there is an awareness that the emotion is due to a series of irritating stimuli, the entire situation exciting the anger is ignored and the anger is referred to some person, frequently one recently associated in time. Thus objectified, anger seems to find a more ready expression. Anger is more successfully developed from a fore-period of irritation if the present predicament is in any way associated with a person or situation against which there is already an emotional disposition of dislike. A feeling of pleasurable satisfaction is often reported to follow the successful expression of anger after feelings of irritation.

Anger with a fore-period of irritation is common with all the subjects studied, but the manner in which the anger arises from these feelings is a matter of wide individual difference. They all get angry at objects when they act as hindrances. With B. and C., who live alone, this tendency is more marked. With all the persons studied, anger with a fore-period of irritation occurs more frequently against objects and situations than against persons. When persons are involved in anger of this type, they are usually those with whom there is close intimacy or with servants and children.

The sentiment of justice may facilitate the development of anger arising from feelings of irritation. Irritable feelings may more readily develop into anger if a situation is associated in which fairness and justice are violated, although the point of justice may be far removed from the actual cause of the irritation. Under the influence of irritation, there is frequently a little more sensitiveness to injustice if the idea of unfairness can facilitate in the objective reference to the emotion. The following instance will illustrate. A. was walking along the street at night in an irritable state of mind in connection with a series of incidents just past. In this state of mind he came to a place where a new house was being built and the builders had left an accumulation of dirt on the sidewalk. When it rained, the water would collect making the walk bad. He had previously noted that they had made enough progress with the building that it was unnecessary to leave the dirt on the walk. "On this occasion," he states, "I now become quite indignant, and suddenly found myself in imagination telephoning the street commissioner in an angry attitude and tone of voice, telling him about the dirt and where the house was located, and ending with the sentence, 'It is an outrage to tax payers.'" But this did not fully satisfy his resentment. He imagined himself the next day walking up to the overseer of the construction gang and assuming a rather indignant air, telling him among other things that the way he had left the walk was an outrage to the public. On the other hand, the sense of justice may be ignored for the time if it does not aid expression. In some extreme cases the subject may assume a make-believe attitude and trump up reasons to suit his own ends regardless of the facts. The tendency is strong to give some justifiable expression to the present mental predicament. In such cases reason serves the purpose of feeling. All other mental processes may become subservient to the rising indignation till the point of anger is reached, but with the expression of anger, the illusion of fairness usually disappears. The behavior that seemed so commendable while angry may excite shame or regret after the emotion has been vented.

Negative Self-feeling. A second characteristic mental situation from which anger arises, is that connected with negative self-feeling; the self-feeling has been lowered and anger follows. In the observation of all the observers, it appears at times in the initial stage of anger. Whatever outside situation occasions lowered self-feeling may indirectly give rise to anger. And just as there are feelings of irritation, which do not pass into anger, so there are negative self-feelings which are not followed by anger. In the description of this feeling, it appears in marked contrast to the anger that follows. As to time, it may last but a moment before anger arises. In other instances the feeling of humiliation may be rather prolonged or repeated before anger arises. The feeling is described as unpleasant, as a lack of motor tension, a feeling like shrinking up, an impulse to get away, a confused inco-ordinated state of mind. A rather wide vocabulary referring to self and the feeling side of experience is used by the subjects to designate this feeling in colloquial language. Examples of such phrases from the observations are as follows:—"I felt sat on," "Was humiliated," "Felt inefficient," "Felt imposed upon," "Felt stepped on," "A feeling of self depreciation," "Felt offended," "A feeling of subjection," "Felt as if he thought I were no good," "Felt worried," "Felt as if he were hitting at me," "Felt that what he said reflected on my ability," "Disappointed in myself," "Felt ashamed," "My feelings were wounded," "Felt that that was insult added to injury," "Felt slighted," "Feeling of abasement," "I was embarrassed," "Felt as if I had been caught with the goods on."

Unlike the feeling of irritation, negative self-feeling has a more definite reference to the outside situation and for the most part refers to persons. It will be noted that the origin of anger from the mental situation of lowered self-feeling, and that from a condition of irritable feelings, comes about by quite different processes. The latter is reached by an increased complexity till the anger point is suddenly attained. In the former case the anger comes about as a rather sudden reaction from a state of consciousness that is in marked contrast to anger. Notes from the reports will illustrate this characteristic. B. had made some errors at a public meeting. X. in a speech jokingly called attention to the errors. At first B. was confused and felt a little worried and embarrassed. In a few moments he found himself mildly angry at X. and was planning to retaliate. B. states that his anger did not refer to the fact that he had made the error, but to X. who had humiliated him by calling public attention to it. F. went to get a check cashed and was refused. He states, "I felt belittled and became indignant as I walked away.... With the appearance of the imagery of another person getting his check cashed the day before, I became quite angry." He adds that he was not angry because of the failure to get the check cashed, but because of the discrimination against himself. The anger referred to the cashier. The idea that he was acting according to rules and not personally responsible, appeared, but was ignored by a recall of the imagery of the other person getting his check cashed.

Negative self-feeling appears rather suddenly without any definite conscious fore-period of its own. It is a state of consciousness predetermined by pleasurable feelings of self regard. In taking the report of C.'s emotions one evening, there was found to be an unusual number. He had been usually observing from one to four emotions each day, with occasionally a day having no experiences of anger. On this particular day he had observed and taken notes on twelve rather strongly developed cases of anger. An inquiry into the cause showed nothing except that he had felt extra well all day and had turned off more than the usual amount of work.

This was a disturbing situation in connection with evidence that had previously been collected from G. and D. These two persons have few emotions of anger and have gone over a week with no experience of anger. On December 4th, D. took observations on four cases of anger. On inquiry it was found that he had been ill and not slept the night before. G. on the two days that he was ill introspected on ten cases of anger. An examination of G.'s and D.'s reports indicate a fore-period of irritable feelings or a lack of immediate conscious fore-period. In none of these cases was there any indication of lowered self-feeling in the fore-period of the emotion, while with each of the introspections of C. on the day he felt extra well and reported on the unusual number of twelve cases, there was a fore-period of negative self-feeling. With A. on the days when he feels best, there is an increase in the number of cases of anger with an initial lowered self-feeling. Such evidences as we have, indicate that anger with a fore-period of negative self-feeling occurs most readily when the sentiment of self-regard is active,—on the days when the person is well pleased with himself. It is true that the play of this sentiment only appears in consciousness, when it has been interfered with or enhanced. It makes up an essential mental predisposition in connection with the situation stimulating anger. The following note from C.'s observations will illustrate. C. met X. and spoke to him; X. paid no attention. C. states, "For a moment I felt humiliated.... I said to myself, 'He does not know my importance.'" C. then became quite angry thinking cutting remarks about X. and ending the emotion by finding an excuse for X.'s not seeing him.

Any remark, suggestion, chance association, it may be, attitude of another or incident, which in any way lowers the sentiment of self-respect may stimulate anger. In this regard there is a wide individual difference with the persons studied and with the same person at different times. A trivial incident may lower the play of the self-regarding sentiment and consequently give rise to anger, while at other times a direct thrust at one's honor may be ignored. The personality of the offender, his social and intellectual standing, his general demeanor and attitude, play an important part in the entire emotional situation, but at times personality is ignored and a "chip is carried on the shoulder" for the chance passer-by.

It appears in the results that the anger of the person who is not in authority against the one who is, or the anger of the man lower down against the one higher up, usually has a fore-period of negative self-feeling. A mental disposition toward the one in power in addition to the sentiment of self-regard, is a predetermining mental situation in exciting lowered self-feeling and consequently anger. The most intense instances of anger that C., D. and E. experienced were against persons in power. D.—"I was aware they were in authority and were taking advantage of it to run us out. I felt a little humiliated but not angry as I left the room. It occurred to me they were rather small in usurping the place." A little later D. became quite angry and carried on in imagination a rather extensive verbal combat with the usurpers in which he came out victor. E. states in his observation, "If X. had been an ordinary man, I would not have given the occasion a second thought. But being very high up ... I was inclined to take less off of him than those I consider as not knowing better."

On the other hand a certain mental disposition toward the person lower down in connection with the self-regarding sentiment may be a precondition of anger. Too great familiarity from an inferior may momentarily lower the self-regarding sentiment to his level and in consequence excite anger; we do not resent a slap on the back by one whom we admire or recognize as our superior, but we do from our inferior. The same act from the one may heighten our self-respect while from the other it is lowered. D. reports a case of anger when he was in a crowd. A boy kept purposely stepping on his heels. He states, "I was not hurt but he acted too familiar for a boy under the circumstances. I took his attitude as a personal matter and felt a little humiliated." A. reporting a case of anger stimulated by a person whom he holds in low esteem, says, "It was not what X. did so much, but it was his familiar confidential attitude before others that embarrassed me."

It appears frequently in the observations that it is not what is done or said, so much as it is the attitude of the person, that is so offensive. A too positive and aggressive action, a too great display of wisdom, a too familiar or condescending demeanor, may be the essential element in the stimulus to anger. The following phrases are noted by the different subjects as being an important part of the situation stimulating anger of the type now being treated. C.—"I resented his too dignified air more than anything else." G.—"What angered me most was his condescending attitude as if he knew it all." I.—"He acted too wise and I was aware he was trying to lord it over us. That was the most offensive part." H.—"He sat and stared at me as if he thought I didn't know what I was talking about." F.—"He took on a wise air implying that he had already passed through the stage in which I now was." E.—"It was not his statement so much as it was his rather spiteful attitude that angered me." A.—"It was not what he said. It was his haughty air and little condescending laugh in dismissing the matter that rang in my ears."

While in the presence of a situation that lowers self-feeling, even though persons may not be connected with the situation, it is a common characteristic to refer the anger to some person. The bounds of justice may be, for the moment, overstepped. The dim awareness with some, that the person is not to be blamed, is ignored for the time, while the tendency is strongest in consciousness to give expression to the emotion. The individual differences here are quite marked. G. apparently has developed a habit of referring his anger to a principle, ignoring the personality. In many of his observations, persons were connected with a situation, but were neglected in his attention to the principle violated. A business man had told him an untruth causing him difficulty. G. states, "I was not angry at the man. That was his way of doing business." In the course of his emotional experience, his anger became rather intense, referring to the business ethics practiced. The degree in which the sense of justice is ignored under the influence of anger of this type is also a matter of wide individual difference.

In the observations collected, anger at one's self appears quite frequently. There have been no cases found, in which anger at one's self develops purely from a fore-period of irritation. The subject takes the matter to himself and feels a little humiliated and degraded and may react against his own personality in the same manner that he would against another. Two observers, B. and G., quite frequently get angry at themselves. A. reports that this sort of anger rarely occurs with him. G. observes the following case. After he had been repeatedly humiliated by his own failure, he says, "I felt as if I were so inefficient. I said to myself, 'If I had a man working for me and he should do work in that manner I would discharge him.'" G. then continued to talk to himself like another person in rather severe condemnatory language. B. was reading a book. He could not understand the author's demonstration. He had made several trials at it. He states, "I felt as if I must be stupid, somehow; there was a slight feeling of worry and dejection. The idea of my stupidity was followed by anger at myself for being so stupid. I clinched my fists and threw my arms in angry demonstration, feeling as if I would like to pummel myself. I went over the demonstration again with an attitude of carefulness and finally concluded that it was the author who was hazy instead of myself. I slammed the book down on the table and broke forth angrily, 'You, X., are the one who is stupid, you don't make it clear.' This anger at the author was rather pleasant in quality. I felt a sort of triumph over him."

Another situation quite common in the origin of anger with a fore-period of lowered self-feeling, is its appearance at times with greater intensity after the actual outside stimulus is passed. One becomes more angry in recalling afterward what was said, than he was at the time of the offense. This belated origin of anger appears in the observations of all the subjects studied. It may be noted that anger with a fore-period of irritation does not appear in this retarded manner. In the recall of an incident in imagination, anger may become quite intense; while it may be at the time of the incident, there was no awareness of any tendency to anger. Mild anger at the time of the initial stimulus may become intensified in its recall. In such cases there was evidently some element lacking in the mental situation stimulating anger. An offensive statement in the heat of an irascible discussion may be ignored. A rather severe thrust may seem proper, but when recalled in connection with another mental situation, the emotional content may be entirely changed. X. in the course of an argument with E. implied, "You never will know as much about the subject under discussion as Y." "At the time I noted his statement and was aware that it was a thrust at myself, but I had no feeling about the matter then. I considered that I was producing the better argument, and his personal thrust I was aware was an admission on his part that he knew I was. To-day I recalled his statement and felt degraded and angry." Then C. proceeded to plan a series of cutting remarks that he would like to tell X. In some instances the presence of a too active aggressive attitude at the time of the stimulus seems to predispose against a too easy lowering of self-esteem, and consequently anger with a fore-period of negative self-feeling does not appear. But let one momentarily lose faith in his point of view or fail in words to express it, and he becomes more sensitive to the thrusts of his opponent's argument.

Another factor partly accounts for the greater emotional intensity of the recalled incident. The conventional control of emotions during social contact may be relaxed during the memory recall. The same ethical standard is not required for one's private thinking as in actual contact with others. In this respect there is rather wide individual difference with the subjects studied. Though in general with persons of rather intense emotions, there is a marked difference in the ethical standard they practice, when the incident is present to consciousness, and the standard used when the anger occurs from the imaged situation; with all persons studied at times during their most intense anger emotions, the imaginative reaction is far more crude and unethical, and consequently the imaged anger may be more intense. A third factor may be involved here. A personal thrust may be partly ignored at the time without lowered dignity because it is given with a smile or a friendly attitude, but when recalled later, the friendliness may be neglected and consequently anger is more intense. A fourth condition that partly accounts for more intense anger in the imaged situation, is that the anger consciousness of this type is usually cumulative. With an entirely novel experience, a certain amount of resistance must be broken down before the emotion develops. The emotion seems to develop by a cumulative process through a series of stimuli. One personal thrust in a situation in which there is involved no previous emotional excitement, may be ignored or the humiliation may be borne at the time with no anger reactions; but when it is repeated one or more times under similar circumstances, there is present a characteristic mental situation for the development of anger. The repeated occurrence of the incident in the imagination intensifies the feelings till anger becomes fully developed. E.'s observations will illustrate. "During the argument with X., I was in splendid humor, enjoying myself to the fullest and naturally supposed everybody was." Referring to a statement made by X. during the argument, E. states, "The glow of the conflict had not entirely departed when I began to see his statement in an entirely new light as reflecting on myself, then I felt somewhat distressed and overcome to a slight degree, by a feeling of abasement but no resentment against X. The next day at ten o'clock I was recalling the events of the argument. There was still a feeling of abasement but now it stirred me to anger. I found myself going over it and thinking what I might have said, and what I would say the next time."

Anger Without an Immediate Feeling Fore-period. This study was begun tentatively with the view held by Wundt[43] that each emotion of anger has an immediate feeling fore-period. The study had not progressed far till this view had to be abandoned. It early appeared in the observations that anger may begin rather suddenly with no initial feeling fore-period, which the observer is able to find. The subject reports that he suddenly finds himself in the midst of an emotion of

---

43 Wundt, W. *Outlines of Psychology.* Translated by C. H. Judd. Third Edition. Stechert. 1907.

anger before he is scarcely aware of it, and is giving verbal and motor expressions usually accompanying such emotions. In many of the emotions of this type there is evidence in the observations that the emotion refers to a previous emotional experience. From the mental disposition left over from the previous emotion, the emotion suddenly emerges without passing through the cumulative process that is necessary with an entirely novel emotional experience. In other words the way has previously been broken so that it is not necessary to break down the same amount of resistance. A. observes, "Sitting in my room, I imaged X. At once I was angry, motor expression not marked at first. X. was imaged in a rather positive and demonstrative attitude which he sometimes takes. I found myself with quite a good deal of motor activity saying in voco-motor fashion as if talking to X.——I was partly aware of three former disagreements with X., the imagery of the circumstances of the last one was most clearly defined. I imagined X. a little humbled by my remark. The emotional experience from the first was pleasant. I felt a little victorious in the imaginary act of dealing a telling thrust."

With all persons studied, there is evidence of a previously developed mental disposition against certain persons and against certain principles which allows the anger point to be reached in a short cut fashion. Anger is easily attained without the initial feeling either of irritation or lowered self-feeling.

Anger that rises from this situation is usually pleasant in quality. The mental disposition which is connected with this sudden origin of anger may be present during the later recall of the emotion. It is also shown by the frequent re-occurrence that the same situation may repeatedly give rise to anger. B. has a rather strongly developed sentiment against ministers who preach what they do not believe; G. against persons who do their work carelessly, especially manufacturers who send out goods of inferior quality. I. has a marked sentiment against acts of cruelty in the treatment of animals. D. reacts rather vigorously against persons who are disloyal to friendship. These sentiments go back to early experiences in the life of the individuals.

B. in talking with X. directed the conversation to ministers who preach what they really do not believe. He took Dr. Y. as an example. He had previously seen Dr. Y. drinking beer with the boys and had resented his behavior. He began to vituperate to X. against Y., giving instances and telling his opinion rather vigorously about such men who have a double personality. "Before I was scarcely aware of it, I was in the midst of motor and verbal expressions of righteous indignation. I enjoyed it all very much. I always take delight in making myself angry with ministers of this sort." B. has reported other instances of his anger against ministers of this type. A case from I. will illustrate further. "I had the same recurring anger for three weeks. A delivery boy who passes about the same time each day goes by whipping and abusing his horse. Anger arises each time the incident occurs. The sight made me pleasantly indignant. I have the image of an old German, living near my home as a child, who treated his horse so cruelly. The idea of telephoning to the police occurs to me, but the boy goes on and the idea is abandoned."

CHAPTER TWO
BEHAVIOR OF CONSCIOUSNESS

Wundt[44] has pointed out that there are two types of reaction to an emotion, what he calls outer and inner volitional acts. The first refers to the external bodily expression of an emotion and the latter to the mental behavior. In the study of the emotions, attention has for the most part been directed to the former. Darwin's study of the emotions in man and animals, early called attention to the finer physical expressions of each emotion, explaining them as instinctive habits which were formerly useful. Darwin's study partly paved the way for the James-Lange theory, which maintains that what we experience as an emotion is but the sensation of the instinctive physical expression.

---

44   Wundt, W. *Outlines of Psychology.* Translated by C. H. Judd. Third Edition. Stechert. 1907.

The aim of this chapter is to study the mental behavior during the conscious period the anger exists. It is recognized that the motor and physical expressions is primary and fundamental. For that reason it has served so adequately in the objective study of the emotion. What we shall attempt to study is the mental behavior of persons under the influence of anger. Ethics tells us how we ought to act when angry, but psychology has neglected to find out how in reality consciousness does behave when the emotional excitement is on. David Iron's[45] statement is still apropos. He writes, "The neglect of the reactive side of human consciousness is nowhere more conspicuous than in the case of the emotions."

The anger consciousness is characterized by heightened mental activity. A multiple number of images, attitudes, fluctuations of the emotional and feeling content appear in rapid succession till the emotion disappears. This statement is true for even the more tenuous instances of anger. In fact some of the milder experiences have the most marked changeableness of conscious content. Objectively there may be little activity, while simultaneously on the mental side, there is a wealth of processes which must be considered in the psychology of the emotions.

---

45 Irons, David. *Psychology of Ethics.* Edinburgh. Blackwood and Sons, 1903.

After making a rather minute collection of the different kinds of mental reaction to anger, as shown by the introspections, it is observed that they fall into three rather clear types of conscious behavior. The first type is in the general direction of the emotive tendency and is the one that most impulsively follows on the stimulus of the emotion. It expresses pugnacity in some form. This type of reaction expresses a tendency similar to the basal instinct of the emotion of anger, such as thinking cutting remarks, imagining the offender's humiliation, hostile witticism, joking and sarcasm. This type of a reaction will be called attributive reaction. A second type is contrary to pugnacity; the instinctive impulse is reversed. A friendly attitude may be assumed toward the offender, an adequate excuse it found for his offense, an over polite attitude may be taken. This type of behavior will be called the contrary reaction. A third type is one that is entirely of a conscious attitudinal character. The subject becomes indifferent to the whole situation exciting the emotion. The offense may suddenly be apathetically ignored and the subject behaves unconcerned and assumes an "I don't care," or a "What-is-the-use" attitude. This will be called indifferent reaction. These three types of behavior are characteristic of the reactive consciousness to anger. The emotion may contain one, or it may contain all three of these types before it finally ends. Going over the results of the observations of all the subjects, about fourteen hundred sixty eight reactions are counted in the six hundred cases of anger studied. Seventy one percent of such reactions are classified as attributive reaction, eighteen percent are the contrary type, and eleven percent are the indifferent.

The initial reaction to anger is always of the attributive type. Whatever other reactions may follow in the course of the entire anger period, the attributive reaction in some form is characteristic of the early stage of the emotion. The contrary and indifferent types are secondary in point of time and occur after the initial hostile tendencies have been restrained. If an emotion of anger is made up entirely of the attributive type, which frequently occurs, and continues for any length of time, it is always noted that some of the reactions are more crude and unsocial and others are refined, disguised it may be, covered up, and when the emotion is most intense whether it be in the initial stage or elsewhere, the unsocial attributive tendencies are usually found at those places.

ATTRIBUTIVE REACTION

The anger consciousness in its development, especially in its initial stage is characterized by restraint. The subject is aware of hostile unlawful impulses that must be controlled. Its initial stage is usually reported as unpleasant. The second characteristic of the anger consciousness is reaction of some sort. What takes place on the mental side, is along the line of least resistance for the moment. Mental life is rather versatile in providing subjective reaction to anger. Motor and visual imagery play an important role involving lessened resistance. A third characteristic of the anger consciousness is what the Germans call "Verschiebung." The emotive tendency is inhibited. A substitution follows for the tendencies restrained. It may be purely subjective or only partly subjective. But the subject in the observation of his anger is fully aware that he would behave in some more drastic fashion if the restraint were off.

Substitution of Visual and Motor Imagery. With the subjects studied there occurred no real pugnacious attack in which blows were struck except with those persons who have the correction of children; there are also but few real quarrels reported. But the versatility of consciousness in substituting and providing merely mental reaction for other hostile tendencies that the subject really wished fulfilled is quite striking. Visual and motor imagery may take the place of tendencies which are inhibited and allow a successful expression. An observation from A. will illustrate. "I found myself saying cutting remarks as if speaking directly to X., and I planned a course of behavior toward him that I considered would humiliate him. I finally ended by imagining myself kicking him down the street, telling him I wanted no more to do with him. The imagery of this act was pleasant. I felt victorious. X. was imagined as penitent." The imagery of the pugnacious attack in some form is a quite common characteristic of the mental reaction to anger. It occurs after a period of restraint when there seems nothing else to be done; imagination and fancy appear at such a crisis and assume the role of a surrogate for hostile tendencies, which the subject has controlled. The awareness of the direct end of the initial tendency of the anger may be present in consciousness or the aim may be indefinite. Subject I. observes, "I felt as if I wanted to say something or do something at once that would get even with X. The thing to do was vague, but the impulse to do something in a hostile manner was strong." The aim of behavior may be rather definitely formed in the early stage of the anger consciousness as soon as the irascible feelings are definitely referred to some object. An illustration from A. follows:—"The impulse to take X. (a child) and shake him, was strong on the first stimulus of the emotion; suppressing this I spoke crossly to him, at the same time there appeared motor imagery of my holding him with both hands and shaking him." Another instance from the same subject: "I had an impulse to punish X., restraint was immediately followed by a motor and visual imagery of the act of punishment." Subject C. observes, "The first impulse was to kick X., the restraint was accompanied by motor images of kicking him, followed by the image of his being hurt in the face." E. states, "I felt as if I would like to shake him and imagined myself doing it." G. developed a case of anger from a series of irritating stimuli. Describing his anger, he says, "I felt like I wanted to bite or hit something." B. reports a case when he had been humiliated by some boys along the street. The tendency to anger at the time was controlled, but as he passed on, the emotion arose with greater intensity. "I imagined myself beating one of the boys, I gave him several good punches; he had no show at all. I came out victor and was enjoying it all." One of the many sorts of mental reactions that H. reports to a case of anger that extended over three quarters of an hour, is, "I imagined myself charging at him and his looking frightened at my behavior."

Substitution of Irascible Play. The imagined fight and victory take the place of tendencies which would have a more objective expression. Another sort of substitution of the initially restrained emotional reaction, is first to lessen the restraint by inhibition and react in some less crude manner in a slightly disguised form, which gives a feeling of satisfaction in inner victory and at the same time lacks the objective hostility. A. felt humiliated because of X.'s remark in the presence of others. "Resenting his familiarity, I went out of my way to pass him; I grabbed his arm and gave it a tremendous grip, at the same time I smiled playfully. I really aimed to hurt him and was fully aware that I wished to hurt him worse than I did. What I did was merely a substitution, but now that the act was over, I felt fully satisfied and pleased with what I had done." The playful attack is a rather common sort of reaction to resentment with observers A., C. and D. D. observes, "I was angry at X. and was trying to control myself; suddenly I grabbed him and punched him several times in the ribs, at the same time I smiled. I did not want him or the others to know I was angry. I enjoyed pummelling him, as I felt I had demonstrated to him that I could handle him." In such observations the subject's awareness that what he does in a playful fashion is but a substitution of what he would like to do in another manner, is significant. This sort of awareness seems to be ignored in the every-day experience of our emotional life. Attention is directed to the reaction; we involuntarily seek a place of lessened resistance, but the act of introspection allows the subject to be more clearly aware of the inhibited reaction and the substituted expression which follows.

Substitution of Imaginary Invective and Cutting Remarks. The vocal expression of anger is one of primary significance. Swearing, grumbling, invective, quarrelling, interjectional obloquy, etc., are very common signs of anger. The results would very strongly suggest that anger rarely, if ever, occurs without its vocal expression in some manner, if not by direct vocalization either by inner speech or voco-motor imagery. Introspection of slight emotions or anger lasting momentarily, show as their most marked sensation, one of tightening of the throat muscles. Defamatory language or mild swearing is common with all the subjects studied while in the privacy of their own rooms when the restraint is off. The expression of the vocal cords is one of the most successful vents. B. was instructed to abandon himself to vigorous invective and interjectional obloquy when the emotion first began and note the result. He followed these instructions on three occasions when the emotion from the beginning was unpleasant, developing from a fore-period of irritation. With this sort of voluntary vigorous vocal expression, the anger soon passed into rather pleasurable excitement.

The reaction to anger in its initial stage may be a vocal tendency to express one's anger, referring the emotion directly to some person or to an object. When the restraint is on, either from motives of decency or the absence of the offender, the thinking of cutting remarks may be substituted for the actual verbal attack. The subject is aware that what he says to himself he would like to say to the offender. Methods of procedure are elaborately planned for a future verbal attack, just what he expects to say and wants to say, how he will say it, the inflection of the voice, the emphasis of words and dramatic attitude. He may imagine the effect of the attack on his opponent, the latter may talk back. The imagined verbal combat is usually a one-sided affair and ends in victory for the subject. Drastic remarks and the most cutting sarcasms are planned at times by the subjects studied. However there are wide individual differences which cannot be referred entirely to the difference in intensity of the emotional life. Habit apparently plays an important role. D. felt that he had been imposed upon by X. and Y. After the humiliating incident had passed, D. suddenly found himself in the midst of an anger reaction. "I found myself having a verbal combat with them. I imagined I was telling X., 'I should think it costs but little to act like a gentleman, but I presume this is an illustration of your piggishness.' Then I imagined Y. beginning to talk. Just what he was saying was not clear, but I was aware that he was helping X. I interrupted by telling him, 'I understand you are from —— and of course I can't expect anything better of you.' They began to talk back several times, but I got the better of them and felt pleased about it."

The cutting remarks are at times crude and abusive. The subject may swear at the offender. Persons who do not swear in actual life frequently do in imagination. In such imaginative verbal attacks the offender's bad qualities are displayed before him, at other times the same subject may resort to imagery, sarcasm, witticism or joking of a hostile nature. The motivation seems to be to imagine remarks that would humiliate the offender. The visual imagery of the astonished humble opponent is usual in these imaginary attacks. Crude and abusive remarks may at times seem entirely appropriate; at others, sarcasm and irascible joking seem more adequate. Sarcasm usually develops rather slowly with a period of restraint preceding it, unless it is ready made for the occasion. When the fitting sarcastic remark is found, it is usually accompanied by pleasantness in some degree. F. observes, "I could get no imaginative remark that would suit me at first, but after the emotion appeared several times in succession I suddenly discovered one and found myself saying it over and over again. It rather pleased me, I practiced it to get the right inflection and emphasis that I desired."

The imaginative cutting remark may be in the second person as if addressed directly to the offender, especially when the emotion is intense. It may be in the third person about the offender, his unfavorable qualities are recalled with no plan or intention of repeating his remarks to him. The contemplation of his unworthiness is accompanied by an agreeable feeling. B. became righteously indignant at X. because of an incident of ungentlemanly conduct toward a friend. He observes, "A moment later (that is after the first instance of anger) I imagined myself in my alcove in the Library, and imagined some other person, I did not know, who came in and said to me, 'What do you think of X?' I replied with a good deal of pleasurable indignation, 'I think he is a damned ass.' Three-quarters of an hour later as I was walking along the street, the emotion arose again, and I imagined some one asking the same question, I replied the same as before with a like feeling of pleasure. I really wanted some one to ask me what I thought of X." The subject may be aware that what he says to and about the opponent is a little unfair, but at the time that the emotion is progressing, he ignores it and wants to believe ill of the offender.

The results of this study abundantly show that a make-believe attitude plays an important role in the anger consciousness, in both the development of the anger and the reactive consciousness. It is believed momentarily, when the anger is most intense, that the offender is really a bad man. Pausing for introspection in the midst of such emotional reaction, it is frequently reported, "I knew very well I would say nothing of the sort and that X. was not so bad as I believed him." While the emotion is most intense, ill reports about the offender which were previously ignored are now believed and assumed as true, and satisfaction is derived by degrading the best qualities of the offender, by believing stories of ill repute, by suspecting or imagining evil of him. The degree in which this tendency is present, depends partly on the intensity of the emotion, and evidently in part on the individual habits of reaction to anger. The chronic irascible gossiper is evidently a characteristic type of person who has specialized in this mode of reaction to anger.

Substitutions by Witticism and Irony. Witticism, sarcasm, irony, teasing and joking make up a large class of vocal and imaginal reactions which may take the place of the initially restrained emotional tendency. The crude remarks, transformed into wit or fitting sarcasm, overcome the consciousness restraint that was initially present in the emotion and lessen resistance. It is accompanied by a pleasant feeling and may be keenly delightful. A thrust in a half serious tone accompanied by a smile, the jest and hostile joke follow a state of mind characterized by restraint. In the observations of the subjects studied there is evidence supporting Freud's[46] theory of wit. What he calls "tendency wit"; that is, wit with a definite aim has two divisions, the hostile joke and the obscene joke. The first is a reaction to irascible anger and the

---

46 Freud, S. *Der Witz und seine Beziehung zum Unbewussten.* Leipzig und Wien F. Deuticke. 1905. pp. 205.

latter to the sexual emotions. The introspection of the reactive stage of anger consciousness shows the Freudian mechanism for "tendency wit." The following case will illustrate a crude kind of wit. H. whose husband had stayed out late at night became angry following a period of worry. Fluctuating intensities of anger and periods of worry lasted over an hour. After a number of reactions such as planning verbal attacks; recalling his thoughtless behavior at other times; crying, assuming an attitude of self-pity; devising some means of making him sorry; at times trying to assume the attitude that it was no use to be angry; taking observations of the emotion at a number of places, motivated by a wish that her husband would see the results and feel sorry; imagining herself going to him and talking rather abusively. Finally she found a remark that gave the keenest pleasure of all. "I imagined myself saying, 'Petty dear, you have been out pretty late tonight.'" This was a condensed veiled statement expressing about all she would like to say. "Petty" is a character portrayed in a current illustrated newspaper as being mean to his wife and flaring up angrily at every little incident. The character of "Petty" was fully understood by her husband. The crude hostile reaction was followed by a rather condensed acute remark; it was reported as pleasant, "because it seemed so fitting."

C. in a discussion with X. became angry and gives the following observation, "I noted I was getting angry and wanted to say something hostile, but instead I turned away suddenly and laughed, saying in a joking, half-serious manner, 'Oh you old bottle head, you don't know anything.' Although I laughed, I really meant it. That gave complete satisfaction. He laughed too." Let us illustrate further. A., with four others, was walking along the street, coming from a clinic at the hospital, where a case of flight of ideas had just been observed. X., one of the party, was talking in a manner that seemed to A. a little superfluous. He resented his attitude, and turning he said to X. in a joking manner, "What did you say? The malady must be catching," (referring to the case observed). X. retorted, "I never have any fixed ideas." A. replied, "No, they do fly away pretty fast." A. observed, "I felt pleased and victorious with my remark, my resentment was entirely gone and I entered into conversation with X. in a friendly manner."

Witticism is one of the more refined modes of substitution for the more directly hostile attack. Sarcasm is cruder. Its mechanism depends for the most part upon the inflection and tone of voice in speaking. The words themselves in sarcasm are innocent enough, but the mode of expression and the meaning involved are the sources of hostility. The following statement represent sarcastic remarks. A.—"I think I will come around to your Club," emphasis on the word "your." A.—again, "You surely must be right," emphasis on "surely." J.—"You are not the boss, then?"—emphasis on "not," with a little sneer and an accompanying laugh. Sarcasm is a rather cheap and easy reaction to anger. It is consequently more easily attained than wit. The period of conscious restraint preceding sarcasm is usually less, unless the witticism is already made for the occasion. Its feeling effect is also not so pleasant as of wit. At times sarcasm may be combined with rather crude wit, but wit of a more refined type will exclude sarcasm. The following is a combination of this kind. C., having become angry at X. for his "bragging attitude," says, "I was conscious of the tendency to say something hostile, but could think of nothing appropriate. In the course of his remarks X. finally said, 'I never read anything for an experiment as I fear it might bias my results.' I suddenly found a remark that seemed entirely fitting at the time and at once the restraint was off. I said a little sarcastically, 'No, you never want to read anything, it might hurt your intellect.' As soon as the statement was made I saw I had gone too far and felt a little cheap. I at once noted that he did not take my remark seriously, and felt relieved. My former resentment had entirely disappeared."

Substitution by Disguise. There are many devices less refined than wit which are commonly resorted to in slightly disguising the hostile attack. The offender may be attacked indirectly and impersonally. The following case will illustrate. F. became angry at a merchant because, when he went to pay for an article, the price was marked more than he had previously agreed to pay. Feeling resentful, he said, "I suppose the bill is all right, the clerk said it would be less, but people in this town don't know what they are talking about anyway." F. observes, "What I really meant was that you don't know what you are talking about." To avoid making the direct attack, the indefinite pronoun is substituted at times for the definite. The use of "some one" or "somebody" instead of "you," in talking to the offender blunts the remark. The device is rather cheap affording little pleasure and has but a short fore-period of restraint. It is carried to an extreme when the subject pretends he does not know the perpetrator of the offense and in fact may assume it is some one else, so that he may speak his mind directly to the offender. I. observes, "I was angry, and talked to her about the affair as if I did not know that she did it. I wouldn't have had her to know that I knew for anything. I told her what I thought of a person who had acted in that way and noted that she looked cheap. That pleased me." Some gossip and vituperate against their enemies and derive a moiety of ill-gotten pleasure if a sympathetic hearer is found. One subject states, "I went to tell X., hoping he would be angry too, and felt just a little disappointed when he was not." Hints and insinuations often become devices to avoid a too hostile direct attack.

Imaginary Exaltation of Self. Another rather important reaction of the attributive type is an idealistic one. Imagination and ideational processes are active. Lowered self-feeling has been accomplished in the subject usually by a number of repeated offenses by some one that the subject really respects. The offender is frequently not imagined as degraded, but he is left as he is, and the subject proceeds to imagine,—it may be to fancy or day-dreams that he is the offender's superior. As the reaction to moments of humiliation, he may later plan to surpass him. An attitude of make-believe may be momentarily assumed that he is already the offender's superior. Fantastic schemes of a successful career may appear in which he imagines some distant future, in which he has gained renown and the offender is glad to recall that he knew him in other days. Sometimes he is imagined as seeking his friendship or advice, or favor, and is refused with dignity. At the next moment he may be graciously bestowing favors upon the offender. Such imaginative processes are observed to afford pleasure to the subject at the time and may lead to a new level of self-confidence which has important influences on later behavior. Usually idealistic reactions of this character appear in consciousness after more directly hostile reactions have failed to satisfy the subject. A few cases will illustrate. A., recalling an incident of the day before which humiliated him, became angry. At first he began saying in voco-motor fashion as if talking directly to X., "You are a conceited fellow. You are hard to get along with. I will beat you. You are too nervous to get very far." "I imagined myself treating him in a superior, dignified manner." A. then laid plans how he would work, stick to one thing, make himself a recognized authority, and how he would have little to do with X. He imagined X. coming to him for favors when he had attained the success he had planned, and himself taking a rather indifferent attitude toward his requests. A. observes that his entire reverie was pleasant, although the anger was unpleasant in the beginning. C. reports a case of anger at X. who had taken a rather critical attitude toward a problem which he was studying. He observes, "At first there was a slight humiliated feeling. This was displaced by resentment. I imagined myself standing before X. and giving him two good retorts which I considered would have their ill effects on him. At this point the theme changed, 'I will leave you alone and have nothing to do with you,' I felt as if this behavior would somehow punish him, and that pleased me a little." But as a third and final reaction C. observes the following. "I planned to do my work so well that X. would feel sorry for what he had said, I imagined X. complimenting me after it was finished." The early stage of the emotion above was reported as unpleasant, the final ending in which C. imagines X. complimenting him on his success was a point of marked pleasure. Subject E. who had felt humiliated by X. whom he considered had underestimated him, observed as a final reaction, "I will show him in the next ten years, I am young and can work, and he will see." Then followed a number of plans for the future. One subject reacts for a moment at times to resentment by day dreams in which he imagines himself a man of wealth and deals out favors to all except his enemy. He even uses his wealth and influence against him. The feeling is rather pleasant in tone till the moment he comes back to a sense of reality. The transition decreases the pleasantness rather suddenly.

Attitudinal Reactions. Attitudinal reactions of a hostile nature are an important part of the anger consciousness. What may be called "resolutional attitudes" frequently occur as one of the final mental reactions in the diminution of the emotion. The resolutional attitude to do something in the future at a more convenient time when the effects will be greater, becomes a convenient substitute for conscious tendencies that require present restraint. The subject definitely settles on a course of action which cannot be carried out at once. The feeling tone of such conscious attitudes is pleasant. It is not unusual to have a settled resolution and come to a definite conclusion in the initial reactive stage of the emotion. Unless the attitude is ready made for the occasion, it appears as one of the final resorts. A characteristic of "nowness" belongs to anger. An attitude that portends to future behavior is secondary, appearing after the possibilities of present reactions are exhausted. Much of the initial restraint in inhibitions is preparatory to the attainment of a settled conclusion; in some cases initial reaction behaves in a trial and error fashion. The results of a number of hostile impulses are imagined and are followed to their end until finally one is selected that seems most fitting. The conclusion reached may be temporary. Although it may be abandoned on the reappearance of the emotion, there is a temporary satisfaction in having attained a conclusive attitude even momentarily. The following case from C. will illustrate. C. became angry on being told of X.'s behavior. He first recalled a number of previous similar instances; second, he transferred the anger momentarily to another person who told him of the offense; third, he imagined himself cutting off all business relations with X. and as a fourth reaction he observes, "I took on a pugnacious attitude and concluded to fight it out according to the rules of the game, and planned what I would do and say to make him come my way." The attitude of waiting for further developments, biding one's time, being cautious, is a frequent substitute for rising tendencies demanding present action. Subject E. observes, "I finally came to the conclusion not to lie in wait for the opportunity to get back at the offender, but to be on guard against a future attack, but even after the conclusion was formed it was not at once carried out though it pleased me. I still found myself planning what I would say if the thing should be repeated." A. angry at X. and Y., finally came to the following hostile conclusive attitude, "They had better be doing nothing like that, I will watch them, and when I get a chance they will hear from me. I will be cautious and sure first, with which final conclusion my anger disappeared."

THE CONTRARY REACTION
The second general type of reaction to anger is what we have called contrary reaction. The subject suddenly reacts contrary to the emotive tendency of the emotion. He behaves contrary to what he actually wishes at the time. Religion and morals have idealized this type of behavior in its extreme form. "Turn the other cheek," "Love your enemy," "Do good to those that hate you," are exhortations of more than one religion. As compared with the type described above, relatively a small percent of the mental reactions under the influence of anger, as shown by the observations of all the subjects studied, are classed as the contrary reactive type, eighteen percent as compared with seventy one percent.

The contrary reaction is not so rich in versatile behavior as the one just described, in fact it is limited to a few set reactions. The subject suddenly reacts to a state of mind contrary to anger. It may take strong effort to make the change and the attitude is not heartily entered into at first and does not usually occur when the emotion is most intense, but after it is partly diminished, consequently it is usually delayed till a later stage of the emotion. If it appears in the initial stage it precludes a complete development of the emotion. Subject G. has apparently acquired the habit of championing, in the initial stage of the emotion, the offender's point of view and forestalling the development of anger against persons. His anger is attained most fully against objects and situations. He considers this due to his training in early childhood. E. has developed a partial habit of assuming an attitude of forgiveness toward the offender. C. and A. when in a quandary and unable to find other adequate means of expression, suddenly revert to the contrary reaction. It becomes a habitual device toward close and intimate friends or toward persons with whom it is necessary to get along. After the anger has gone so far, the subject suddenly assumes a friendly attitude as if there were no emotion.

There are various conditions under which this sort of mental reaction to anger occurs. It is a frequent device in a social situation when there is rising anger and it becomes necessary to adopt a sudden and quick control. It is forced upon the subject to meet a sudden crisis. He may at once assume an over-friendly or over-polite behavior, when in reality he would like to behave in a hostile manner. A little oversolicitude for the offender may be conspicuously displayed. A few cases will illustrate. B. was met on the stairs by his landlady, who requested him not to write on his machine after ten o'clock, also to put on his slippers on coming home late before ascending the stairs. He observes, "Before she had finished I felt uncomfortable and was vaguely aware of the inconvenience that these limitations would cause me. I recalled that she had said that I could use the typewriter all I wished when I took the room; I found myself becoming angry, but at once I took the attitude of excusing her. I noted that she looked tired while she was talking, and thought perhaps I had kept her awake. I then said with an extra pleasant tone, 'That is all right, I am very glad you speak of it, I wish you had told me before.' The pleasantness was assumed, I did not feel pleasant as I spoke, I was still mildly angry. Five minutes later I recalled what she had said and began to get angry again, but at once imaged her tired appearance and excused her as before." A.'s observation illustrates further. A. was humiliated and angry at X.'s statement. "I wanted to say something cutting, several hostile remarks appeared which were inhibited one after the other. I felt extremely confused and unpleasant but I suddenly began to agree with X. I told him in an over-polite manner he was quite right and that I was glad he had mentioned it. In reality I did not agree with him nor was I glad." A. states that on leaving the presence of X. the emotion reappeared many times in the course of the next half day and in no case did he find any excuse for X.'s behavior but blamed him severely. When the contrary reaction is resorted to as a device to gain quick control, it is reported as unpleasant. The emotion reappears again and is usually followed by unpleasant feelings, but when it is not forced upon the subject and is entered into spontaneously with zest, as a means of finding some sort of satisfaction for the emotional restraint, it is accompanied by pleasant feelings. Subject A. sometimes takes keen delight in assuming a dignified attitude toward an offender and treating him rather friendly as if he were far above getting angry. He states, "I always feel I am victor, that I am master of the situation, and it is pleasing when I do this." It may be said that whenever the attributive reaction is satisfactory, the contrary reaction is not resorted to. The latter type occurs for the most part when the subject is mentally obstructed and there seems nothing else to be done but to ally himself heartily with the opponent for the moment until the storm of his mental stress is passed. Subject J. in a situation, when it would be rude to display his anger, observes, "Each time I found myself becoming angry at X.'s remarks, I would take a negative attitude toward the rising impulse and laugh quite good naturedly at his statement. The laugh was not forced, I entered into it heartily." Subject C. finds himself at times suddenly laughing at the most commonplace remarks when mildly angry at an offence. It is a common device of subject B. to burst out laughing at his behavior when mildly angry, as if he were merely a spectator of his emotion and not a partaker of it. "I recalled the offensive behavior of X. which had happened two hours before. I found myself in an emotion of slight anger, followed by an explosive, 'Damn that X.' There was present much motor tension in arms and face muscles, then noting my angry demonstrations I laughed outright at myself and felt pleased." The anger disappeared entirely with the act. It is frequently reported that a sudden pause in the midst of unpleasant anger to introspect, is pleasant when attention is directed to the behavior, but when attention passes to the situation exciting the emotion, anger tends to be reinstated again. Observations like the following are reported: "Pausing to observe my emotion, my whole behavior seemed so ludicrous that I had to laugh." The subject may suddenly assume his opponent's point of view, find a number of probable excuses for his behavior and at times actually imagine himself as champion for his enemy against himself. He does this heartily at times when there is no outside compulsion and derives a feeling of pleasure in the act. The contrary reaction may be hostilely resorted to in some instances. The subject is aware that his aim is to humiliate his opponent by making him ashamed and sorry; but it is usually reported that, after he has assumed the over-friendly attitude with its hostile intent, there is a self-satisfaction in the sudden breaking up of the unpleasant conscious restraint. Subject D. observes, "I knew I was doing the favor to make him feel ashamed; watching him, I saw he was not ashamed in the least but I continued my friendliness and felt pleased in doing it. There was no regret when I saw that he did not take the matter as I had at first wished." In the contrary reaction, a joke or witticism may be employed, but it has an entirely different aim from the joke discussed in attributive reaction. It lacks hostility. Its aim is friendliness, the theme is contrary to the situation giving rise to anger and serves to distract the attention from the emotion.

THE INDIFFERENT REACTION

The third class of mental reactions to anger is what has been called the indifferent type. It is attitudinal in character. The subject assumes for the time an indifferent attitude toward the situation and person exciting the emotion. Eleven percent of the reactions of all the subjects studied may be classified under this type. It occurs as one of the last resorts when there is nothing else to be done. If it appears in the initial stage of anger, the emotion does not fully develop. It is not reported as actually pleasant but rather passively relieving for the time. Subject B. had received a piece of adverse information in a letter. He observes, "At first, I was angry and at once threw the letter down on the table in an attitude of not caring anything about it. I felt that nothing could be done. I had really wanted the information badly. I threw up my hands and moved my body suddenly with a 'don't care' feeling." B. reports that he recalled the situation several times later, but the anger did not appear again. The same subject recalling the offensive behavior of X. and Y. became angry, and observes, "I found myself saying aloud, 'Oh confound them, I don't care anything about them,' and at once started to attend to something else. My saying I did not care, made me feel as if I did not care; in fact now I really did not care." The sudden assuming of an apathetic attitude toward the developing anger is a frequent device of subject B. A. after a rather prolonged emotional reaction in which he imagined cutting remarks and planned how he would retaliate, suddenly changed his attitude, saying, "What is the use anyway, it is just X., I don't care anything about him, I will let him go his way." C. when angry at times reenforces an assumed attitude of indifference by saying to himself, "Here, you must not be bothered about such things, be a good sport and play the game." One at times assumes an attitude of accepting the situation as it is, and dropping the matter.

CHAPTER THREE
DISAPPEARANCE OF ANGER

The anger consciousness is one of variability and change. The emotion may disappear rather suddenly with the appearance of a new emotion or it may disappear gradually. There are usually fluctuating nodes of increasing and diminishing intensity accompanying the changing direction of attention, ideational behavior, and motor and mental activity in general. Attention again to the situation exciting anger tends to increase its intensity, if the situation from which it arises remains unchanged.

Any behavior, whether mental or motor, which changes the total mental situation from which anger originates, tends to modify the emotion itself. This total mental situation cannot remain unchanged long. The affective processes which have been aroused usually serve to redirect attention again and again to the situation exciting anger. The aim of angry behavior may be said to be three fold, referring to the total mental situation from which the three main types of anger arise; (1) to enhance self-feeling which has been lowered; (2) to get rid of the opposing obstacle to the continuity of associative processes; (3) to recover from one's wounded sense of justice.

The total feeling situation becomes modified in the course of the disappearance or diminution of the emotion. Anger which springs from a fore-period of irritable feelings disappears by a different set of ideas than from anger arising from a fore-period of negative self-feeling.

Pleasantness is an important condition in the diminution of anger. There are but few instances that show no pleasantness in some degree somewhere in the reactive stage of the emotion. The pleasantness ranges from momentary mild relief to active delight. Periods of restraint during anger are periods of unpleasantness. Periods of lessened restraint are accompanied by relief or pleasantness. Two periods in the development of anger are most unpleasant. (1) The entire cumulative development of anger is unpleasant. It is a frequent observation in the immediate fore-period, "I wanted to get angry at somebody or something, I felt I would feel better if I did." (2) Often during the active stage of anger, there are found one or more periods of unpleasant inhibition and restraint. This is often a stage of experiment in imagination, foreseeing unpleasant results of too drastic behavior, inhibiting, choosing and selecting in the effort to discover some reaction which may successfully meet the emotional crisis of the moment. There are cases of anger with all the persons studied, which do not get beyond this inhibitive unpleasant stage. Anger may be almost entirely unpleasant or mostly pleasant. Some persons have a greater mental versatility than others in finding a successful expression to anger, consequently they have relatively a greater proportion of pleasantness. Under the influence of fatigue, the ability for successful expression is lessened and there is a correspondingly increased tendency to emotive excitation and decreased emotional control.

When a fully successful reaction is not found, anger dies hard. It may become necessary to attend to something else voluntarily for self protection. Anger disappearing unsuccessfully tends to recur again and again, it may be. Its reappearance frequently allows the unpleasant initial stage to be shortened or dropped entirely leaving a mildly pleasant experience.

Anger disappears suddenly and pleasantly if the subject can gain the subjective end of the emotion. Subject J. observes in the case of an anger arising from a feeling of irritation, "At this moment (the moment of successful expression) I felt pleased, my anger now disappeared leaving a pleasant aftereffect." A case from A. will illustrate further. A. got on the wrong street car. The conductor refused to allow him to get off at his corner of the street. He observes he was angry, not because he was hindered from getting off, but because of the insulting attitude and remark of the conductor, who said in a hostile manner, "Why did you not pay attention to what I said, this car does not stop, you will have to go on." A. then became angry and demanded in rather severe language to have the car stopped. At this point the conductor changed his attitude and stopped with no further words. A. observes, "As I stepped off I had a distinct feeling of pleasantness. I felt I had been victorious. I was no longer angry. Sensations were still present in chest, arm and leg muscles but these were now pleasant. Upon recalling the incident, I had not the least resentment against the conductor. On the whole, I now felt glad the incident had occurred."

Pleasantness may appear on the observation of the offender's failure or humiliation. C. becoming angry at X., who was manipulating some laboratory apparatus, observes, "I let him proceed rather hoping he would spoil his results. When I noted he was failing and observed his discomposure, I felt pleased. That satisfied my anger against him at once."

The imaginal humiliation and trouble coming to the offender, also increases the feeling of pleasantness and diminishes for the moment the anger. The imaginative verbal or physical attacks usually allow a subject to come out victor. What D. observes is typical. "I imagined he was stunned by my attack, and the result pleased me; that satisfied my anger."

If the offender acts friendly and accommodating, that affords a relief to the offended person and is a condition for the rapid disappearance of anger. F. observes, "He behaved so friendly that I thanked him and felt relieved. My anger was now almost gone." C. became angry at X. for what he had interpreted as a hostile attitude. Five minutes later X. sat down by him. C. observes, "He acted sociable and I felt relieved, my anger was entirely gone, in fact I now felt quite friendly toward him." It is also commonly reported that when the offender becomes submissive, it affords a relief to the subject and usually kills the emotion. C. observes, "After he had submitted, my anger had disappeared and I now felt a little repentant at what I had done." The same subject sometimes observes that he imagines the absent offender at whom he is angry, smiling and acting friendly in the usual way, and the imagined friendly attitude is a relief to the emotion.

Anger which develops from a fore-period of negative self-feeling, disappears when the subject is able to acquire a positive feeling attitude toward the offender. It may be accomplished subjectively. The subject tends to lower his opinion of his opponent, he enjoys an idle gossip, it may be, at his expense, recalls ill reports he had previously heard but ignored, and in fact may employ a number of devices of imagination and make-believe. He at times tends to magnify the offender's unworthiness, and may come to the conclusion that he is scarcely worth troubling about. Mental behavior of this sort is commonly reported to enhance self-feeling. On the other hand the subject may accomplish the same end by magnifying his own personal feelings directly by dwelling on his own good qualities and worth in comparison with that of the offender. Such comparisons are almost always to the disadvantage of the opponent. Subject C., in a controversy with X., became angry and walked away when the emotion was still intense. "I now began to recall how insignificant he is and how important I am. He is narrow, pedantic and incapable of seeing a large point of view. I am not so narrow. All was slightly pleasant and was accompanied by a decreased intensity of my emotion. I now met X. and joked with him; my anger was entirely gone." The feeling of superiority kills anger of the type which arises from a fore-period of humiliation. It has already been indicated that when a positive feeling is maintained in receiving an injury, anger does not arise. The would-be offender if he is regarded as unworthy or unaccountable for his act, does not usually excite anger. The same person, however, may stimulate anger by a process of increased irritable feelings. Subject A. beginning to get angry at X., (a person he holds in low esteem) observes the following association. "Oh, it is just X., no use in my getting angry at a fellow like that, he is not responsible anyway, and I would be foolish to be bothered by him. I had started to ridicule him but now my emotion was gone."

A contemplated victory gives pleasure and diminishes anger even before the victory is attained. The emotion disappears on assuming a positive determined mental attitude, it may pass off in vehement resolution as to further behavior. In fact, one may begin and finish his fight through the medium of ideas and have no enthusiasm left for the actual encounter.

With a third condition for the disappearance of anger, pleasantness is present but usually in the form of mild relief. Positive self-feeling is not so clearly marked in consciousness. The subject looks at the offender's point of view, finds excuses for his behavior, elevates his opinion it may be of him. A new idea is added to the mental situation exciting anger which entirely alters the feeling content, and consequently anger disappears. Subject I. observes, "When I finally concluded that X. meant well, my anger was almost gone." G. resentful at X. because he did not speak to him states, "I recalled suddenly that he is cross-eyed and probably did not see me.

I said to myself, 'He is a good fellow and is friendly toward me all right.' My emotion was now gone." B. mildly angry at X. and Y. for intruding upon him, observes the following soliloquy. "No, they have more right here than I have. This room is for people to converse in rather than for one man to occupy alone. My anger was now decreased but not entirely gone." Even a tentative excuse for the offender's behavior allays anger temporarily. The emotion may last for several days, appearing at intervals, and with a sudden introduction of a new idea providing an adequate excuse for the offence, the condition exciting the emotion will be completely changed.

Anger diminishes and disappears more frequently in the change of attention than by any other one condition. A pause in the midst of anger to attend to one's mental behavior affords a diminution of the affective process. It is often reported as amusing when a subject suddenly ceases attending to the situation exciting the emotion and observes his mental behavior; laughter at this point is often reported. Close attention to the act of managing the irritating or humiliating incident, allows a rather gradual diminution of anger. Anger does not arise when the subject is rigidly attending to the damage done, but only when he begins to feel the damage as humiliating, irritating or as contrary to justice. One subject hums or sings when angry. A joke or witticism will break the crust of conscious tension allowing the attention to be distracted elsewhere.

The subject may suddenly assume an apathetic attitude toward the whole incident and kill the emotion at least temporarily. The mental situation from which anger arises, is one contrary to indifference, in fact, the lack of indifference is one of the essential characteristics of the fore-condition of anger, and consequently when this attitude is present, anger is cut off.

A resolution or a settled judgment has a relieving effect. Whenever the subject comes to a definite conclusion whether it refers to the emotional situation or a contemplated mode of behavior toward the offender, there is reported a sudden drop in the intensity of the emotion, even though the attitude is but a tentative and temporary one. The reason for this is evidently that such a mental attitude is contrary to the immediate mental situation from which anger arises. Anger springs from the fact that there is lacking a definite mental attitude as to what should be done during the reactive stage of the emotion. One of the most efficient controls is to have a well planned reaction to meet the emotional crisis before it appears; when the injury occurs, if there is a preparedness as to what should be done, even though the response is but a subjective one purely attitudinal in its nature, anger fails to develop to its intense stage.

SUCCESSFUL DISAPPEARANCE

The success with which the emotion of anger disappears is a matter of wide individual difference with the persons studied. With some the reporting of the emotion from the introspection notes tended to reinstate the emotion. One subject was frequently disturbed by the reappearance of the emotion during the report. In one instance he refused to report to the writer for three days afterward. He reports he could not recall the situation without the reappearance of the anger in its unpleasant form. Other persons could rarely reinstate an emotion in any unpleasant form over night. At times the anger was reinstated in its pleasant aspect. Sometimes a feeling of exaltation was displayed. The subject showed he enjoyed recalling the emotion. Imagined and carefully devised schemes of retaliation were often rehearsed with pleasure. Again the observation would be a feeling of indifference, as something past and finished. Often the statement was given, "The whole thing seems ludicrous and amusing to me now."

It is rather pleasing to recall the situation exciting anger when the original emotion is short-circuited, as it were, allowing a pleasurable, gossipy vituperation against the offender without the initially unpleasant stage of anger. In fact the subject may re-experience a little of the unpleasant humiliation through imaginative stimulus, if the pleasantly reactive stage is successful enough to compensate. If the subject is aware he has a sympathetic hearer, it is far easier to pass over the initially unpleasant stage of the reinstated anger and enjoy a hostile, gossipy reaction. The writer in the course of the study became so intimately acquainted with the private emotional life of the subjects studied and had been a sympathetic listener of the emotional experiences so long, that after the period of observation had ended, he would find himself the recipient of emotional confidences which the subjects took pleasure in relating to him. Says one on reporting, "I really was not interested so much in the scientific side of this emotion as I was to tell you of my resentment, and as I look over it now, I am really aware that I assumed a scientific interest as a means of gaining full sympathy and giving me full freedom to speak everything in mind." Another subject says, "I went to tell X. for I believed he would get angry too and I hoped that he would." The same situation does not usually allow anger to continue to reappear in its unpleasant form, for repeated appearance tends to eliminate the active unpleasant stage.

An emotion of anger which has been unsuccessfully expressed may continue to reappear in consciousness again and again. Crowded out, it will suddenly return at times by chance associations. It may become so insistent that it is an unpleasant distraction from business affairs and the subject must find some sort of reaction to satisfy it. F. observes, "I could not do my work. Just as I would get started, the idea would reappear suddenly and I would find myself angry, tending to think cutting remarks and planning what I should do. Each time I tried to escape from it, it would come back again. Finally I determined deliberately to get rid of it. I recalled all the good qualities of X., what favors he had bestowed upon me and in fact felt quite friendly toward him. Before I had finished, the anger had disappeared and did not return. Later, as I recalled the situation incidentally, I felt indifferent toward it." Such deliberate behavior is unusual. The reaction to an emotion is mostly involuntary. In many instances, when emotion is prolonged, it is much like a trial and error process, one reaction after another is tried out in imagination until a rather successful one is found. This reappearance of an emotion when it has been repressed gives opportunity for a new trial and mode of attack.

There are two general conditions under which anger disappears most successfully. First, if the mental situation from which anger arises is changed directly by the addition of a new idea that gives an entirely new meaning content to the incident so that it will no longer be humiliating or irritating, as when the subject can thoroughly come to believe that the motives of the opponent's offense were not hostile but friendly, anger disappears rather successfully with no unpleasant after effects; the anger is cut off directly at its source. To illustrate, C.'s anger at X. which had been a source of unpleasant disturbance for two days, completely disappeared when he was finally informed that what X. did was not meant as personal. The subject at times finds himself trying to assume a little of the attitude of make-believe. He really wants to believe the offender meant well. A second successful condition for the removal of anger is when the subject reacts so that he feels he has fully mastered his opponent. He has given full restitution for the offense and feels a pleasureable satisfaction in the results. Feeling is an essential factor, whatever the method employed. If a feeling of complete victorious satisfaction is accomplished in connection with the disappearance of anger it is usually successful. The circumstances are rare in which the direct verbal or physical attack would be fully satisfactory. A substitution in the form of hostile wit, teasing, irony, or it may be a favor bestowed with a hostile intent, may accomplish the same result as far as feelings are concerned and completely satisfy the anger. The imagined victory, or a make-believe one, may serve the same purpose.

The most unsuccessful condition for the disappearance of anger is one commonly used in emergencies—that of changing the attention and avoiding the offensive idea. Intense anger usually returns when diminished in this manner. The attitude of indifference and over-politeness usually serves only as a temporary device of removal for the purpose of expeditious control. Mere repression is not always most successful.

CHAPTER FOUR
CONSCIOUS AFTER-EFFECTS

Anger has an important influence upon mental life and behavior long after the emotion itself has disappeared. The functional effect of anger may be disclosed in a period after the emotion proper has disappeared. Other emotions may immediately follow anger, such as pity, regret, sorrow, joy, shame, remorse, love and fear. Feelings and tendencies are left over which the subject is fully aware are directly related to the previous emotion. For purposes of study, the period after the emotion will be divided into two parts; first, that immediately after the emotion has disappeared, and second, the more or less remote period of indefinite time. The reaction while the emotion is present, and the way in which the emotion disappears, are conditions which determine to a large extent what will consciously appear after the emotion has passed away. With the aim of finding out what mental factors follow in the wake of anger, the subjects were instructed to keep account of any sort of consciousness of which they were aware as referring either directly or indirectly to the previous emotion observed.

Pity is frequently associated with anger. Mild anger may merge into pity at the point where attention changes from the situation exciting anger to the effects of angry behavior on the offender. Pity often follows the imaginal humiliation of the person committing the offense. It follows more readily when the emotion is against children, servants, dependents or persons with whom there is close intimacy. A kind of self-pity is sometimes associated with anger. With one subject, a mildly pleasant self-pity would frequently follow anger at an injury. At times there is found a curious mixture of anger and self-pity. H. observes, "At times I would be angry, then at other times I would find myself taking a peculiar pleasure in rehearsing my injuries and feeling rather pitiful for one who had been mistreated like myself." An observation from C. will illustrate the suddenness of the transition from mild anger to pity. Angry at a clerk for a slight offense, he observes, "As I turned away I said to myself, 'I wish that fellow would lose his place,' but at once I felt a little pity for him and said, 'No, that would be too bad, he has a hard time putting up with all these people.'" Subject A., angry at a child observes, "I found myself tending to punish him, I saw his face, it looked innocent and trusting, that restrained me, I now thought, 'Poor little fellow, he does not know any better,' and I felt a pity for him to think that such a person as myself had the correcting of him."

Shame may follow in the wake of anger. It arises rather suddenly in the disappearing stage of the emotion when attention is directed to the results of the angry behavior just finished. Both shame and pity, following anger, are usually a condition of immunity against the reappearance of the same emotion. After shame appears, a reaction usually follows in the effort to compensate in some fashion. Subject C. observes, "Becoming aware of my act and how it appeared, I now felt ashamed and humiliated at what I had said. In a few minutes I brought it about to offer him a favor and felt pleased when it was accepted. I had really been trying to convince him that I was not angry, and now felt that I was doing it." Subject C. observes, "I noted that they saw I was angry and at once I felt ashamed. I now began to laugh the matter off as if trying to show I was not." At times during mild anger when the emotion is displayed too impulsively and the bounds of caution have been overstepped, exposing one's self to a too easy attack from an opponent, an uncomfortable feeling of chagrin appears. The anger may be displayed in too crude a fashion, consequently an advantage is given to the opponent which was not intended. Anxiety that the opponent may take the hostile thrust too seriously or fear of the consequence, may suddenly displace anger. Instead of an offending person, the same person now suddenly becomes one exciting anxiety or fear.

A fourth affective condition of the immediate after-period of anger is an active pleasantness. Anger disappears and joy takes its place. The condition, originally exciting anger, is no longer able to reproduce the emotion as the subject has become the victor and the offense is recompensed. The goal of anger from its impulsive and feeling side is to be found in the pleasurable victorious affection in the after-period of the emotion. Any anger possesses possibilities of pleasantness in its after-stage. If an objective victory cannot be had, a subjective one plays the part of a surrogate. The processes of imagination, make-believe and disguise, as previously discussed, become devices directly referring to the aim of pleasurable feelings in the after-period of anger. The motivation is to avoid the unpleasant emotions and feelings in the wake of anger and acquire the feeling of victory. The tendency to humor and jocular behavior after anger is sometimes observed. The subject tends to recall his feelings of success and relive them, self-confidence and positive self-feelings are increased.

The feeling of friendliness toward the offender may follow anger which has been successfully expressed. Spinoza was right when he said, "An act of offense may indirectly give origin to love." It is frequently observed in the after-period of anger, "I felt more friendly toward him after my emotion had disappeared." In fact an unusual friendliness with a desire to bestow favors was often observed. We like a man better after we have been angry at him in a successful manner. The emotional attitude is entirely changed toward an opponent who has been overcome, if he allows the victory. It is the unreasoning person who never becomes aware of his defeat, against whom hate follows anger.

Feelings of unpleasant irritation usually follow anger when social or other conditions prevent adequate expression. These feelings seem to be the medium by which the situation exciting anger is repeatedly recalled. The emotion which appears from the imagined situation usually does not leave such intense unpleasant feelings, as the subject tends to attain in his deliberate moments, to some degree, an inner victory over his opponent, or to find an adequate excuse for his behavior. Either of these reactions may be successful enough to exclude irritable feelings in the after-period. Irritation after controlled anger is the medium for the so-called transfer of the emotion from an offending to an unoffending object, which is so often observed. In the after-period of irritation, it is a rather common observation of the subjects, "I was looking for something or somebody at whom I could get angry." "I felt I wanted to hurt somebody." In fact irritation in the after-period becomes an essentially affective element in a situation from which may arise a new anger of a different type. The first anger may have arisen from a fore-period of humiliation, while the latter is from that of irritation.

There is evidence that the affective state in the after-period of anger has a compensating relation to the emotion that has just passed, not unlike the compensation role played between the anger proper and the feeling fore-stage from which it arises. The reactive stage of anger tends to over-compensate for the unpleasant feelings of irritation and humiliation in the fore-period of anger by either increasing the pleasantness or diminishing unpleasantness. If the reaction is incomplete and has not adequately met the emotional crisis of the moment, irritation may follow with a tendency to continue further the emotion, or if the reaction has gone too far, it is paid for by the appearance in the after-stage of other emotions of social origin, such as fear, shame, pity, etc. The feeling of relief occurs after the expression has nearly restored consciousness to about the same affective level as before the beginning of the emotion; but with active pleasure, a higher affective level has been attained and the subject feels he was glad to have been angry. There is a heightened effect in the affective state following anger; a sort of over-compensation, which is a little out of proportion to the behavior apart from the anger itself. If the after-period is one of pleasantness, the feeling is increased far more because of what the subject has done during the emotion, for it is evident if the same mental processes and behavior occur without anger, the pleasantness is less. Joy is a good example of the intensification of the emotion in the after-period of anger which is out of proportion to the idea stimulating it. The relation between the fore-period, the anger proper, and the after-period is so intimate in anger that the writer has had it repeatedly impressed upon him in making the present study, that to solve some of the important problems of our emotional life, this relation must be taken into account. The entire gamut of the emotional consciousness for each emotion must be studied from the initial feeling stage to the termination of the conscious content after the emotion has disappeared. The emotions do not appear as separate effective entities, but have an intimate relation which is important in the study of their psychology.

Mild anger may leave the subject in a state of curiosity. A feeling of doubt as to the motivation of the offender may appear, and curiosity follows with an awareness of a tendency for anger to reappear if the occasion should arise. After the emotion has passed, the subject is aware of tendencies or attitudes, referring directly to the mental behavior, which were present during the emotion. An attitude of indifference toward the offender and offending situation follows what has been called the indifferent type of reaction. The emotion of anger may leave the subject in a state of confidence toward himself, positive self-feelings have been reached as a result of the entire experience. On the other hand, slightly reduced self-feelings may follow if the reaction to anger has been unsuccessful. It may leave the subject in either a heightened or a lowered opinion of the offender. A previously friendly interest in the person committing the offense may be increased or otherwise. A feeling of amusement at one's behavior when recalling it after the emotion has disappeared, is often reported. The subject stands off, as it were, and views his own response to anger as if he were a spectator rather than a partaker of his emotion. What the subject did when angry seems so incongruous with his mental state after the emotion has disappeared, that it strikes him as ludicrous. Laughter and amusement frequently appear in the recall of the emotional situation.

An attitude of caution often follows. After a period of stressed inhibition, in which the evil consequences of a too impulsive behavior have been pre-perceived, there is assumed an attitude of control and at the same time a readiness to respond to a suitable stimulus. Anger may leave in its place an attitude of greater determination to make one's point, or if the emotion has been entirely satisfactory, the subject takes the attitude that the score has been settled. An attitude of belief or conviction as to a future course of action toward a like offense may follow in the period after anger, which is a direct result of the conclusion reached when the emotion was present. Mild anger may have changed the feeling tone but little, but leaves the subject primed and ready to respond more quickly to another offense. The result of anger may be purely a practical attitude as to what should be done in such cases with little marked feeling accompanying it. The subject is left not in a fighting attitude, but in one of preparedness to prevent the offense recurring. It is usually necessary in the after-period to reconstruct or modify the revengeful plans or conclusions which were formed when the emotion was intense. What seemed so justifiable during the emotion proper, after it has disappeared becomes strikingly inopportune. If the emotion has disappeared unsuccessfully and resentful feelings still linger, the subject wishes to execute the plans previously formed; but in the act of doing it, he usually finds difficulties of which he was not aware when the emotion was intense. An instance from A. will illustrate. He had been intensely angry at X. and had planned to tell him his opinion of his conduct. By the time he had opportunity to speak, the emotion had subsided. He observes, "I had at this point a severe struggle with myself. I wanted to tell him what I had planned; I felt I was inconsistent if I did not. On the other hand I was slightly apprehensive, not of X., but of making myself ludicrous. I recognized what I had not before, that I was not fully justified, and partially excused him for what he had done. But the tendency to do what I had planned still persisted, and I felt I would give anything if I could do it." He reports further that although the emotion was now fear, at this point "the tendency to execute the plan, formed during the anger, persisted for about fifteen minutes of intense struggle with myself before it disappeared." Tendencies in the after-period of the emotion, which refer to conclusions or resolutions reached during its active stage, at times, when they appear are passed over lightly and even with amusement.

The effects of anger may extend far beyond the period immediately after the emotion has disappeared. The more remote after-period, after the immediate effects have passed off or been modified, have important results in our mental life. The momentum, acquired during anger by determined emotional outburst, may be a reenforcement to volitional action and may allow old habits to be more quickly broken down and new ones formed. If an error has been repeatedly made with increased irritation, till the subject has been thoroughly aroused to anger at himself, the tendency to repeat the error is usually successfully forestalled by an attitude of caution and determination following the emotion. The possible failure may be prevented by mild anger at the imagined humiliating result, which increases volitional action to a point insuring success, and a new momentum is acquired which may have far reaching influences. Slight habitual mistakes, like errors in typewriting or speaking, repeated forgetting of details, and social blunders, are reported as cured by anger.

Mild prolonged anger which has not had a fully satisfactory expression may leave in its wake a fighting attitude which if transferred into work enables the subject to acquire new levels of activity. A record from C. will illustrate. He observes, "I would not allow myself to be dejected, but have planned to fight and dig into it like everything. These emotions are the greatest stimuli I have. I get angry, then I want to get down to work for all I am worth." On the other hand, anger which has been successfully expressed may be followed by a feeling of satisfaction in the result and an attitude of success, which gives momentum for increased volitional action in the future.

There is usually a residuum from intense anger which may appear long after the anger has consciously disappeared. The recall of the situation which had previously excited anger may have little or no feeling; merely indifference is present. Sometimes feelings of resentment and dislike are observed, while at other times, there is amusement. It frequently happens that while the situation which has previously excited the emotion may be accompanied by indifference upon its being recalled either voluntarily or involuntarily, there follows an emotion of dislike and hate. The incident itself may be almost forgotten, or not recalled at all, but the result of anger is to be observed in tendencies and emotional dispositions left in the wake of the emotion. An over-critical attitude, with something of a gossipy tendency and hostile suspicion in which the bounds of justice are partly ignored, may long continue to reappear after the emotion itself has passed away and the situation has been forgotten. It is rather probable that a single strong outburst of anger does not leave the hostile emotional disposition in its wake. It is usually the mild anger, preceded by much feeling of humiliation and anger which tends to recur again and again till it has settled to a hostile disposition toward the offender. It is reported in some instances to refer to the offender's way of talking, laughing, manner of walking, his mode of dressing; in fact any chance idea of the offender's behavior may be sufficient to allow a feeling of dislike and disgust to appear.

It may be said that anger which disappears in an unsatisfactory manner leaves an emotional disposition which possesses potentialities of both pleasant and unpleasant feelings. Some persons seem to derive much satisfaction in picking the sores of their unhealed resentments; little acts of revenge and retaliation are suddenly hit upon; even hate may have its pleasures. Small acts of revenge and retaliation are observed with an affective state which cannot be called anger, but the subject is aware that it refers to the anger which is passed. One subject became severely angry at his grocer and went to trade with another merchant near by. He states that on several occasions just after the anger, when buying at another place he felt pleased at the other man's having lost his trade. Once he observes, "I believe I bought several things I did not need, I felt I was retaliating and enjoyed it." The emotional disposition following anger may be a source of rather intense enjoyment. Laughter and mirth are observed with the appearance of an idea that has humiliated the offender. In such cases the laughter is purely spontaneous with no recall of anger. Subject J. broke out laughing when told that X. was on unfavorable terms with Y. His laughter, he observes, referred to a resentment a few days before against X. In fact laughter frequently springs rather suddenly from the mental disposition which has followed from anger. Such cases afford another instance of the close intimacy of our emotions with each other. The residuum of potential feelings from an emotion of anger appears in the form of less active pleasantness.

There is a relation between the immediate after-period of anger and the more remote one that is important. If anger is immediately followed by such emotions as pity, shame, regret or fear, any positive tendency left over in the remote after-period from the emotion itself is apparently lacking.

There is, however, a negative effect. The subject is immune to re-experience the same emotion from the same emotional situation again, but anger which has disappeared with unpleasant feelings may tend to recur in a rather prolonged after-period and may finally settle into an emotional disposition and mental attitude which play an important role in behavior and later feelings. It seems to be true, that when anger disappears consciously in such a manner that the subject is aware that his wishes have not been satisfied and the disappearance is followed by unpleasant feelings, the immediate after-period is rather barren as compared with the out-cropping which appears in a more remote period after the emotion. In anger, when sudden control is required, the subject is forced to attend to something else or react contrary to the emotional tendency to save himself a later humiliation. The immediate after-period is usually one of unpleasantness and tension. Under such circumstances, the tendency to recur again and again is characteristic and if, in some later recurrence or expression through the imaginative process, it does not end satisfactorily, it may settle down to an emotional disposition and mental attitude.

Anger that arises from a fore-period of irritation in which the subject suddenly bursts out with emotion may have an immediate after-period of irritation, but it leaves little in the remote after-period; the subject is aware that the emotion is finished. Anger which ends with active pleasantness of victory leaves an attitude of confidence and success toward the situation which has excited the emotion. There is little tendency for the emotion, disappearing in this fashion, to reappear except in its pleasant stage. With a consciousness of complete victory in the immediate after-period, there is established an attitude of positive self-feeling and confidence toward the situation exciting the emotion so that a practical immunity against the reappearance of anger in its unpleasant stage is reached as a negative result of the emotion. There are wide individual differences in the ability of the subjects studied to allow anger to disappear, leaving a pleasant after-period. C. reports but few instances in which his anger disappeared with a fully satisfactory result. He consequently has a wealth of emotional dispositions and mental attitudes following anger. On the other hand F. and E., whose anger emotions are less intense, are early able either to attain an inner victory or to react contrary to the emotion and leave an after-period of immunity against its reappearance from the same mental situation. Hence the tendencies and dispositions left over in the after-period of their anger are less. E.'s dislikes are short lived. It is probable that some subjects have acquired the habit of shortening their emotions of anger, short-cutting the unpleasant period of restraint and early acquiring the after-period of relief, humor or it may be indifference, before the emotion has developed far.

Classifications. Anger might be classified according to a number of schemes that would serve the purpose of emphasizing its characteristics. From the standpoint of feeling, anger might be classed as pleasant or unpleasant. Some emotions of anger are observed to be almost entirely pleasant from their early beginning including their final ending. Other cases have fluctuating pleasant and unpleasant stages. There are few instances of anger that have no flash of pleasantness anywhere, in some degree before the emotion is finally completed. The unsatisfactorily expressed emotion is almost entirely unpleasant. Even anger of this kind usually shows some flash of pleasantness or relief at the moment of the angry outburst.

Secondly, anger might be classified as exciting or calm. The exciting anger has greater tension during the period of the emotion proper. There is usually less co-ordination and greater intensity of feeling which may be either pleasant or unpleasant. The motor reactions are more prominent than the mental reactions. On the other hand, calm anger usually has a longer observable fore and after-period of the emotion. Mental processes are intensified, the motor expression is correspondingly less.

Anger may be classified according to its function. The emotion may be merely an end in itself. It relieves the tension of unpleasant feelings. It is purgative in its effect in removing an unpleasant mental situation. The underlying purpose of such anger is not to increase volitional action, in fact, it may disturb co-ordination to any purposive end. This type serves primarily to remove the tension of unpleasant accumulations of feelings in some act of expression. If successful in its purpose, it may have an indirect hygienic effect on mental action. Further, anger may be of a kind which intensifies volitional action, accomplishes work, and serves the end of survival. A residuum in mental attitude and emotional disposition follows, which has possibilities either of morbidity or a source of energy which is sublimated into work.

Anger may be classified genetically on the basis of sentiments which are violated in its origin. Anger which springs from a thwarting of desires is primary in its origin. This is the usual type of anger of young children and animals. Anger which has its source in the self-feelings, such as the sentiments of honor and self respect and in social feelings, of injustice, of fairness, are genetically later in their development.

Types. Three rather definite types appear. First is anger which rises from a fore-period of irritable feelings. It develops by a cumulative process of irascible feelings, through a series of stimuli till the point of anger is suddenly reached. An idea is present at the point of anger which serves as a vehicle of expression. It may be an idea not directly associated with the situation exciting the emotion. In fact an apparently irrelevant idea may break the crust of unpleasant feeling tension and serve as an objective reference for the emotion. Anger of this type is scattered. It is not necessary that the emotion be referred to the actual thwarting idea, it frequently refers to inanimate objects and often arises from the irritation accompanying pain. The active period of this type of emotion is mostly voco-motor tension and reaction of larger muscles. The immediate after-period may be a feeling of relief, irascible irritation, or other emotions such as pity, shame, regret and fear. Its increased volitional action may establish a mental attitude of caution and determination against a future thwarting when it is finished. A new emotion may arise however from the same background of irritation. The after effects of an emotion of this type are shallow and easily forgotten. It does not leave hate or dislike in its wake, there is nothing left over for revengeful behavior.

A second type of anger is predetermined by another sort of mental disposition. Self-feelings are its source. An idea excites negative self-feeling and anger follows as a reaction with the purpose of restoring positive feelings of self. It usually has a greater proportion of pleasantness than the type described above. Its end is to attain pleasantness in some form of positive self-feeling, and when that is successfully reached the emotion disappears. Any idea from a subjective or objective source which intensifies positive feelings of self, tends to diminish emotion of this type. The thwarting of a desire, due to the damage and inconvenience done, is insignificant as compared with the thrust that one's pride and self-respect have received. In the type above, there is thwarting of desire; while in this type, there is humiliation. In fact in the latter type, serious inconvenience may be suffered in the effort to heal a wounded self respect. Anger of this type is not so indefinite in its objective reference. It has direct reference to an offender before the point of anger has been reached, and another person or object cannot be substituted with any degree of satisfaction. Anger of this type leaves an important residuum after the emotion has disappeared in the form of other affective processes, in tendencies, mental attitudes and dispositions, some of which have possibilities of morbidity, others mere pleasantness or sublimation into work.

A third type of anger is that which springs from social sentiments involving justice and fairness. It has little unpleasant fore-period and arises suddenly without the initial cumulative feeling development which is usual with the other types described. The point of anger is more readily reached; the emotion is nearer the surface as if it were ready for a sudden rise. The origin of anger of this type is not unlike anger which springs rather suddenly from an emotional disposition left over from the second type described above. The expression of the emotion in this type is less restrained, it is usually reported as pleasant throughout. While anger of this type is sensitive to justice and fairness, the two types above may grossly disregard these sentiments. In its wake is often observed the tendency to reappear. The after-period has not the possibilities of so intense pleasure as the second type above, nor of morbidity, nor of a disposition capable of being sublimated into work.

The three types above may occur in a rather pure form but frequently they are mixed. When desire has been thwarted or pride has been wounded, a sense of miscarried justice or fairness with reference to self, intensifies the emotion. In addition to lowered self-feeling, the social sentiment of justice and fairness may re-enforce the irascible feelings or negative feelings of self. At times make-believe of offended fairness is assumed to justify the angry behavior, and consequently increases the intensity and allows pleasurable expression when the subject is vaguely aware that the real cause is his own selfish pride which has been wounded.

CHAPTER FIVE
EDUCATIONAL FUNCTION

From the present study, anger may be said to have a two fold functional meaning. First it intensifies volitional action in a useful direction. Second, viewed from the mental conditions under which it occurs, it may be a superfluous affectivity and is largely an end in itself. These two functions are not to be separated. In fact any single emotion of anger in its different stages of reaction may be merely hedonic, it may serve a directly useful purpose or it may be both. These two functional aspects of anger are the basis for pedagogical conclusions.

Sublimation. Anger in a modified form has been the theme of the poet and artist. With its running mate fear, it has played an important role in religion. Primitive magic with its self assertive coercion of the supernatural, is not unlike anger. The curse prayer of backward religion is motivated by resentment. A deity with an irascible temper like that of the ancient Hebrews suggests the role of righteous indignation in the discipline of the soul. Plato[47] held that anger is at the foundation of the organization of the State. Ribot[48] has suggested that it is at the basis of justice. More recently Bergson writes, "No society can reach civilization unless throughout its members, there exists the nervous organization which supports the sentiment of anger and hostility against criminals; and this physical organization is the foundation of what we call our moral code." President Hall[49], James[50], and Dewey[51] have suggested that much of the best work of the world and the great deeds of valor have been done by anger. Dr. Hall states, "A large part of education is to teach men to be angry aright,—it should be one aim of pedagogy to show how the powers of the soul should be utilized.—Man has powers of resentment which should be hitched onto and allowed to do good and profitable work. We should keep alive our emotions and allow them to do our labor." (From lecture notes.) It has

---

47 *The Republic*
48 Ribot, Th. A. *The Psychology of the Emotions*. London. Walter Scott Ltd., Paternoster Square. 1897.
49 Hall, G. Stanley. *Adolescence*. D. Appleton and Co. 1909.
50 James, W. *Principles of Psychology*. Henry Holt and Co. 1896.
51 Dewey, John. *Psychology*. New York. American Book Company. 1890.

been suggested by Wundt[52], James[53] and Stanley[54] that the function of anger is to increase volitional action. The latter author writes, "At some point in the course of evolution, anger comes in as a stimulant to aggressive willed action. Some favored individual first attained the power of getting mad, in violently attacking his fellows and so attaining sustenance likely in the struggle for food." The same author further writes, "We take it then that it was a most momentous day in the progress of mind when anger was first achieved and some individuals really got mad."

Education has to do with the function of anger in human needs, in growth and development and in mental hygiene. Ethics has at times advocated the elimination of anger as if it were a noxious product. From a pedagogical view, it should be cultivated and excited aright. The familiar moral exhortations, "Let not the sun go down on your wrath," "Love your enemies and do good to those that hate you," and others like them, are in accord with some satisfactory individual reactions to anger from the feeling side, which have been cited; but their universal application would not always serve the purpose of ethics. In pedagogical practice, they would fall short. A good healthy resentment is, at times, a good thing and should be kept alive.

---

52 Wundt, W. *Human and Animal Psychology.* Translated by J. F. Creighton and E. B. Titchener. Macmillan. 1896.

53 James, W. *Principles of Psychology.* Henry Holt and Co. 1896.

54 Stanley, H. M. *Studies in the Evolutionary Psychology of Feelings.* Macmillan. 1899.

The emotion, if it works, must not die out too satisfactorily at the cost of real effort. There should be a working residuum for the time when it is needed. An injury may be forgiven too quickly and resentment given up too easily. A healthy fighting attitude, increased caution and willed action turned into productive work is often subverted for an immediate satisfactory ending of the emotion. There are none of the subjects studied but observe this wholesome effect of anger at times. Anger may disappear successfully and satisfactorily on the side of the feelings. The subject may attain the full sense of victory by a number of devices of make-believe, substitution, disguise, etc. An inner victory may be a good thing. In fact, all subjects would, at times, resort to imaginative processes motivated by the feeling and impulsive side of the emotion. A subjective satisfaction may in fact save the day, clear the mental atmosphere, so to speak, and allow mental life to continue along its habitual lines. On the other hand, a subjective victory may become too easy. On the verge of defeat, victory is at times imagined which takes the place of real volition. The fight may be carried too far through the medium of ideas leaving little enthusiasm for actual effort. A too easy habit of excusing the offender at times serves an unprofitable end. Anger should not be cut off too near its beginning by finding excuses too readily for the offender or offending situation. It should at least be allowed to get a little above the initial feeling stage to keep the emotional life alive or there is danger of lapsing into obliviousness to essential rights; mental life becomes too prosaic and commonplace, on a plateau with no capacity to acquire new levels.

A second point of which the writer is convinced, is that in order to study the emotions, especially the deep seated primary emotions like fear and anger, it is necessary to take into account the finer working of the emotion in its feeling and impulsive stage of development and disappearance. In fact, the milder tenuous emotions of anger are markedly important from the educational side as well as psychologically. The normal function of the emotion is better exemplified in the less intense experiences. Anger, as it is usually thought of, is the emotion in its excited uncontrolled stage. Anger, sublimated into keener intellectual and willed action, is no less anger though its affective side is less intense; its reactive side is working in better accord with the evolutionary function of the emotion,—to intensify action in a needed direction. In fact, affective processes of indignation, resentment and irascible feelings which are not called anger in the popular sense, from the scientific side should be considered a part of the anger consciousness. They have the feeling fore-stage of humiliation and an intellectual reaction; the residuum of the affective process has every mark of that victorious satisfaction, which is typical of anger.

Such tenuous emotions are reported to have far reaching results in mental behavior and personal development. One subject, resentful at an implication against the value of his work, considers that it stimulated him to increased determined action and intensified endeavor for several months in order to show the offender he was wrong. A., resentful of X.'s adverse suggestion, put in three days of severe intellectual labor to prove his point. E. observes that a humiliation and mild resentment was a keen stimulus to his ambition. His ambitious behavior, he considers was accompanied by increased friendliness toward the offender. The question was privately put to a number of persons as to the effects of resentment on some of their ambitions in the past. Every person who was asked, after a careful recall, was able to find one and some times several instances of important results of anger of this kind. Some persons from early childhood have habitually reacted to little resentments to beat the offender in an ambitious way. One person with defective eyes early became sensitive about it. Any implication against his defect was always reacted to, he says, by saying to himself, "I will show you I can do more with poor eyes than you can with good ones, and you will be sorry some day." M. 28—"Resentful because the parents of a lady to whom I was paying attention did not approve of me, I determined to make so much of myself that they would be sorry. It was one of the main incentives to my entering on a career. With this aim I went to the University; I worked hard with success. Many times during the year I would recall the incident and would resolve again and again to show them some day. For two years this idea was pretty constantly in my mind. In the course of four years I now take keen satisfaction in recalling that I have partly accomplished my purpose." M. 25.—"Four years ago a friend whom I admire much, told me that I would never make a scientist. I have resented it ever since and have laid plans to show him, which I have partly carried out. Every once in a while I recall his statement in connection with my work. It spurs me on. I imagine myself sending him a copy of my scientific problem on which I am working." M. 34.—"In my sophomore year in college, I failed to be elected president of our literary society. I became resentful against the one who beat me in the election. This person was ambitious in college contests. I now laid plans to beat him. I went into an oratorical contest first with the sole aim of surpassing him. I did not care about the others. I am certain that I would never have gone into this contest and others if it had not been for a deep set resentment developed against him. I recall yet how in practicing and writing in contests during the two years of my college work my aim principally was to surpass this person. We were good friends all the time."

Such tenuous resentments which persist for years, it may be, against people with whom one is on friendly terms, and which are accompanied by a rather sudden rise in the curve of personal growth, are evidently an essential part of the anger consciousness. Smaller achievements of individual worth are often reported to be the direct result of a healthy sort of reaction from resentment. It is entirely probable that most persons, especially those of irascible disposition, could point to sudden spurts in their own personal development and achievement, which were motivated by anger which never reached the stage of intense excitability or from the residuum of exciting anger which disappeared unsuccessfully. Freud[55] has taken the view that much of biography should be rewritten to include the part that sexual motives, which have been sublimated, play in personal ambitions. Evidently anger cannot be neglected by one who seeks for motives of personal growth whether biographer or educator.

A too soft pedagogy which would heal over too soon the injury to self-feelings, has its disadvantages. Encouragement at times by superficial means may cut off a good healthy angry reaction which may be needed. In fact a little lowered self-feeling with an irascible response is a good thing and it may be a signal for "hands off," or a little skillful and judicious suggestion. It is frequently observed by the subjects studied that anger at self intensifies a lagging willed action and breaks up interfering habits. A quotation from B. will

---

55 Freud, S. *Drei Abhandlungen zur Sexualtheorie*. Wien. Deuticke. 1910.

illustrate. "I turned the anger inward and vituperated against myself for being such a lazy man. The emotion of the moment was relieved and I feel now like getting down to work at the stuff and getting it out of the way." Some subjects work at their very best when mildly angry. Attention and association processes are intensified to the point that real difficulties disappear. Anger in the exciting stage and at a situation too remote from the problem at hand, interferes with mental work. Bryan and Harter[56] in their study of skill in telegraphy, found that the skillful operator may work best when angry, but the inexperienced worker is less efficient. Michael Angelo is said to have worked at his best in a state of irascible temper. The mass of mankind are sluggish and need a hearty resentment as a stimulant. If the circumstances are too soft and easy, the best which is in a man may be dormant; there is no tonic to a strong nature capable of bearing it like anger.

Many a good intellect has lacked the good powers of resentment necessary for the most efficient work. The boy who has not the capacity for anger should be deliberately taught it by some means. Göthe, who was a rather keen observer of human nature, said, "With most of us the requisite intensity of passion is not forth-coming without an element of resentment, and common sense and careful observation will I believe confirm the opinion that few people who amount to

---

56 Bryan, W. D. and Harter N. *Studies in the Physiology and Psychology of the Telegraphic Language*. Psychological Review, Vol. 4: 27–58.

anything are without a good capacity for hostile feelings upon which they draw freely when they need it."

Need of Expression. The second condition for the expression of anger is that in which reaction is an end in itself. It may be said that while on the one hand from a genetic and utilitarian point of view the function of anger is to do work, to aid in behavior, where increased willed action is needed; on the other, the mere expressional side in connection with feeling and impulse assumes an important role in every emotion. In fact with intense and exciting anger, utility may be ignored and actually thwarted, volitional action is exerted contrary to objective needs.

There is much in the expression of anger in both the subjective and objective reaction to the emotion whose impulsive aim is merely to release unpleasant feeling tension, to clear the mental atmosphere, so to speak. A brief resumé of the reactive consciousness to anger will illustrate. First on the feeling side there occurs a mental situation accompanied by a tendency to expression in order to remove or modify the situation. Irritation may be relieved or turned into pleasantness by the reaction. Lowered self-feeling may be restored with extra compensation in pleasurable feelings of victory, if the reaction has been successful. Second, the expression of anger involves restraint, the cruder unsocial tendencies are controlled and others are substituted of a less objectionable and offensive nature. By both objective and subjective reactions, devices of disguise, transfer and modification of the unsocial pugnacious tendencies may allow the restraint to be released and the emotive tendency fully satisfied, in which a feeling of pleasantness follows. Third, the reaction which has been fully satisfactory from the feeling side, is followed by a partial or complete immunity against the recurrence of the anger from the same mental situation, as the successful reaction has removed the mental situation from which the emotion arose.

Anger from the point of view stated above, touches upon the second educational aim. So large a part of the reactive consciousness to anger is motivated to find a successful surrogate for cruder and unsocial tendencies which are objectional, that this side of anger expression is educationally important. It is a desirable personal equipment to have strong potentialities of anger. However there should be a mentality which is versatile and active enough by training and habit to react successfully to the emotion, in the first place to use such reservoirs of energy for work, and second, to react satisfactorily from the feeling-side, where the instinctive tendencies are restrained, and break up morbid and unpleasant mental tension which may be an inference.

A good angry outburst at times may be a good thing, but most frequently some sort of surrogate is more satisfactory. Habits of witticism, refined joking, a little good-natured play and teasing within the limits of propriety serves a worthy end for mental hygiene, and often leaves a basis for good will and a friendship which would otherwise be in danger. The habit of suddenly breaking up an angry tension by a good thrust of wit or joke would be a good one to inculcate with the irascibly inclined. Many persons suffer in feelings and lack of good friendship because they have never learned to be good mental sparrers and to relieve their emotions by socially appropriate reaction rather than by a method of repression which is cheaper at the moment but more expensive in the end. Their anger is too absorbing and serious. It lacks the necessary flexibility, their emotions are too near the instinctive level and when the instinctive tendencies are restrained they lack mental habits of purging their feelings in a satisfactory way, consequently suppression is resorted to as a self-defense.

Anger and Instruction. As Terman[57] has pointed out, the emotions employed in the act of instruction need a systematic investigation. The emotions brought into play in school control, as incentive to work, emotional reactions which retard, and those which accelerate learning and efficient work in classes, these are little known scientifically.

---

57 Terman, L. The Teacher's Health, *A Study in the Hygiene of an Occupation.* Houghton Mifflin Company. 1913.

Anger, or, perhaps, better potentialities of anger in both teacher and pupils, is impulsively used in the role of teaching. Skill in using this emotion aright is part of the teacher's stock in trade. Pugnacity in the form of rivalry is a common device.

Individual Differences. First, there is the problem of individual differences in the emotional life of students; and the teacher, too, for that matter. With some, the dominant emotion is fear and anxiety. The material of the present study shows a wide variation in the type and character of emotional reactions of the subjects studied in which anger is one of the most frequently occurring emotions. This difference is illustrated by the following summary from three subjects: With J., anger predominates over fear; he knows but little of the latter emotion. Anger usually occurs from a fore-period of lowered self-feeling, the feeling intensity of the fore-period is not strong. The reactive stage of the anger does not reach a high degree of excitement. With him, anger usually disappears into indifference and unpleasantness, leaving tendencies of passive dislike. He observed no cases of anger at injustice or unfairness except when the latter sentiments referred to himself. His anger for the most part is an unsuccessful experience and is unpleasant. He consequently tries to avoid getting angry and has relatively few emotions. The after-period of his anger tends to be a little morbid, lacking any strongly marked disposition which is the source of tendencies to do more work. Subject G. has anger as a dominant emotion over fear. He scarcely knows anger which arises from a fore-period of humiliation except anger at himself when he has been inefficient. He does not hold resentments against persons but against situations and principles. Anger is usually unpleasant except a mild after-period of relief. With him, anger is a means of throwing off superfluous feelings of irritation and serves but little the purpose of work, except to increase volitional action for the moment. His anger often refers to himself. Anger at unfairness tends to refer to the principle rather than to the person. The emotion occurs more frequently when he is unwell. It is rather slow to appear, by a gradual accumulation, till the point of anger is reached; the emotion does not attain a high degree of excitement. With subject C. the character and type of anger reaction is in marked contrast to the two subjects mentioned above. He knows but little of fear except in extreme situations. His anger nearly all springs from a fore-period of humiliation and is often intense in its most active stage. For a time during the most intense stage of the emotion, he almost loses the sense of justice; but as the emotion begins to die down, he has a habit of excusing the offender and looking at his side of the question. His anger is frequently followed by pity, remorse, shame and fear. The emotion is both pleasant and unpleasant. The disappearance is usually unpleasant and leaves a wealth of affective tendencies and mental attitudes which are later a source of both pleasant and unpleasant feelings. Anger is one of the greatest stimuli he has to do work. He will work for days preparing some subject in which he has had opposition that excited his resentment in order to even up with the offender, and takes extreme delight in making his point. His tendency to anger is greater when feeling well pleased with himself. The residuum of his emotion involves attitudes of determination and idealization which plays an important role in his ambition in general.

The description above will suffice to show the problem in individual differences in emotional life. With some subjects fear is the ruling passion. Subjects A. and B. have almost an even proportion of fear and anger during the period of observation. However these instances represent adult persons. How far the habitual emotional reactions are determined by training and instruction, is an important question. It is highly probable that the character of training in childhood and early adolescence plays a leading part. Subject C. above was an only child and took considerable license, almost getting beyond the control of his parents at an early age. J. reports that at early adolescence, anger was much more frequent and intense than at present. He believes that an early philosophical notion that intelligence should dominate the emotions, had an influence in establishing his present emotional habits. G.

was early taught that it was sinful to get angry, an idea which he accepted at the time. His anger rarely refers to persons but vents on objects, principles and situations involved. He has relatively few emotions of anger. He believes that his early religious training was of importance in moulding the habitual reactions which he now assumes when angry. Such material as we have makes it entirely probable that a large part of the habitual mental reactions assumed in anger is the result of training. It may be said further that when instruction involves affairs of emotional life, individual difference become a still more pressing problem than when intelligence is the criterion.

Other inferences of the role of anger in the act of instruction are suggested from the present study. If the teacher himself does not possess the ability of well defined resentment against an infringement of fairness, advantage of this defect may be taken by the alert pupil unless there is compensation for it in another direction as by the principle of co-operation, by love or pride appealed to. Cooley however puts the matter a little too strongly when he says, "No teacher can maintain discipline unless his scholars feel that in some manner he will resent a breach of it." (*Human Nature and the Social Order*[58], Page 244.) The method of school control itself refers to some extent to the individual emotional life of the teacher, as well as pupil. When anger enters into the role of discipline, of the three

---

[58] Cooley, C. H. *Human Nature and the Social Order.* C. Scribner's Sons. 1902.

types already discussed, that which springs from the sentiment of justice is most efficient in instruction. Anger which arises from irritable feelings, from its nature becomes a dangerous emotion to be used in discipline. Emotion of this type develops by a cumulative process till the point of anger has been reached. It too readily ignores justice and is easily transferred from the real offender and may finally break out against an innocent party who may have unwittingly touched off the feelings which have been accumulated by previous stimuli, consequently anger of this type which is so frequently displayed in school rooms usually defeats the ends of discipline. Anger with a fore-period of lowered self-feeling because of the personal element entering into this type of anger and the tendency to ignore justice can evidently be resorted to but sparingly in school control unless it also involves the sense of justice.

Another point the teacher has to take into account is that from his position, if he is held in respect, the anger he excites in the student will usually be preceded by humiliation and, if he has been unfair, it will be intensified by the sense of offended fairness. Anger of this type is the one most frequently followed by an emotional disposition against the offender. It is the residuum of unsuccessfully expressed anger of this type which becomes a disturbing element in school control with the student who is irascibly inclined. The wise teacher who understands the individual emotional life of the pupil and the nature of the after-period of anger, will skillfully remove the morbid residuum and ally the resentful pupil on his side. Dislike following anger, is skillfully removed, will frequently increase the friendship of the offender more than before the offense. This principle of compensation in the after-period is thus to be utilized in discipline. It may be a good plan deliberately to bring a moody pupil to the point of anger and let him vent his wrath. Any punishment in discipline has the possibilities of being dangerous to school control, especially with the student of pugnacious disposition, if the justice of the punishment cannot be recognized by the offending pupil. Evidently a mistake in control is not to recognize the individual differences in emotional life and to attempt to use the discipline of fear with an irascible boy who knows no fear. Anger, disappearing unsuccessfully, may leave a morbid residuum which completely disqualifies the student for efficient learning, consequently when it exists, it is the business of the educator to remove the morbidity, transform it into work or to have the pupil transferred; for it may be as serious a hindrance to learning as adenoids or defective sense organs.

There is every reason to believe that a large part of the mental reactions to anger is individually acquired habits, consequently successful and satisfactory reactions are a matter of training. Potentialities of anger may actually be taught indirectly by building up the sentiments and mental disposition from which anger arises. Whatever will increase ideals and new desires, achievements in school which allow a better opinion of self and build up the sentiment of self-regard, of fairness and justice, are at work at the very root of anger consciousness. The study of the mental situation from which anger arises allows every reason to believe that when there is a lack of potentialities to anger, it may be built up in this indirect manner. The student who lacks good healthy resentment when the proper stimulus is at hand evidently is weak in the sentiment of self-regard, desire to achieve, or sense of fairness.

Whatever exercises will excite the pugnacious instinct, if done satisfactorily may involve a training in emotional habits. Habits of good fighting in work and play, the give and take in debate, class discussion, the witty retort, boxing, the team games if carried on aright, afford good exercise for the emotions. To acquire good habits of behavior when under fire, to fight clean and to the finishing point, to take defeat in a sportsman-like manner, are valuable acquisitions educationally whether they are acquired in athletics or the rivalry of intellectual work. On the other hand, athletics and mental contests may be carried on under conditions of emotional reaction, which defeat the aim of healthy emotional habits and consequently lack their better educational significance.

BIBLIOGRAPHY

Ach, N. *Ueber die Willenstatigkeit und das Denken.* Eine Experimentelle Undersuchung mit einem Anhang: Ueber das Hippsche Chronoskop. Gottingen. Vandenhoech and Ruprecht. 1905.

Bain, Alexander. *The emotion and the Will.* Third Edition. London. Longman. 1875.

Bryan, W. D. and Harter N. *Studies in the Physiology and Psychology of the Telegraphic Language.* Psychological Review, Vol. 4: 27–58.

Cooley, C. H. *Human Nature and the Social Order.* C. Scribner's Sons. 1902.

Dewey, John. *Psychology.* New York. American Book Company. 1890.

Dewey, John. *The Theory of Emotions.* Psychological Review. II. pp. 13–32.

Féré, C. *L'antithèse dans l'expression des émotions.* Rev. Philos. 1896. XLII, 498–501.

Freud, S. *Der Witz und seine Beziehung zum Unbewussten.* Leipzig und Wien F. Deuticke. 1905. pp. 205.

Freud, S. *Drei Abhandlungen zur Sexualtheorie.* Wien. Deuticke. 1910.

Hall, G. Stanley. *Adolescence.* D. Appleton and Co. 1909.

Hall, G. Stanley. *A Study of Anger.* American Journal of Psychology. Vol. 10. pp. 516–591.

Irons, David. *Psychology of Ethics.* Edinburgh. Blackwood and Sons, 1903.

James, W. *Principles of Psychology.* Henry Holt and Co. 1896.

Külpe, O. *Grundis der Psychologic.* Leipzig Engelmann. 1893. p. 478.

McDougall, W. *An Introduction to Social Psychology.* Seventh Edition. London. B. Luce. 1913.

Ribot, Th. A. *The Psychology of the Emotions.* London. Walter Scott Ltd., Paternoster Square. 1897.

Stanley, H. M. *Studies in the Evolutionary Psychology of Feelings.* Macmillan. 1899.

Steinmetz, S. R. *Ethnologische Studien zur ersten Entwicklung der Strafe nebst einer Psychologischen Abhandlung Uber Grausamkeit und Rachsucht.* Vol. 2. Leyden. 1905.

Titchener, E. B. *Outlines of Psychology.* Macmillan. 1906.

Terman, L. The Teacher's Health, *A Study in the Hygiene of an Occupation.* Houghton Mifflin Company. 1913.

Wundt, W. *Outlines of Psychology.* Translated by C. H. Judd. Third Edition. Stechert. 1907.

Wundt, W. *Human and Animal Psychology.* Translated by J. F. Creighton and E. B. Titchener. Macmillan. 1896.

Psychology and Pedagogy of Anger

Translated by Ji-Hoon, Yoo©

2025 by Tunamis Publishing Co.

All rights reserved. No part of this publication may be reproduced, distributed, or transmitted in any form or by any means, including photocopying, recording, or other electronic or mechanical methods, without the prior written permission of the publisher, except in the case of brief quotations embodied in critical reviews and certain other noncommercial uses permitted by copyright law.